Edition Hispano America

Band 7

Paloma Bordons

Bolivien –
Land der Erdäpfel
La tierra de las papas

aus dem Spanischen
übertragen von

Götz-Erik Flohr

Lagrev Verlag
Edition Hispano America

Die spanische Originalausgabe erschien 1996 unter dem Titel
La tierra de las papas im Verlag Ediciones SM, Madrid.

1° Edición, Mayo 2008

ISBN 978-3-929879-36-0

Redaktion: Katharina Heudorfer
Gestaltung der Reihe: Christian Hurst

Edition Hispano America, Konradstraße 11, D-80801 München

Paloma Bordons

Bolivien –
Land der Erdäpfel
La tierra de las papas

aus dem Spanischen
übertragen von

Götz-Erik Flohr

Lagrev Verlag
Edition Hispano America

1

»Maria, was würdest du davon halten, wenn wir für eine Weile ins Ausland gingen?«

Damit fing alles an. Die unerwarteten Dinge passieren immer dann, wenn man am wenigsten damit rechnet. Das ist natürlich Quatsch, was ich jetzt sage. Ich meine, du wirst von den wichtigen Ereignissen, die das Leben verändern, immer unvorbereitet getroffen, hintenherum, so als kämen sie zu dir nach Hause, ohne eingeladen zu sein.

Ich erinnere mich noch, ich war ganz ruhig, als Vater mir die Nachricht übermittelte, ich blätterte gerade gedankenverloren in einer Zeitung:

Sintflutartige Regenfälle im Gebiet um Valencia

»Wir gehen nach Bolivien«, sagte Vater.

Ich antwortete nichts. Ich starrte nur auf die Zeitung und wiederholte ein für's andere Mal vor mich hin: *Sintflutartige Regenfälle im Gebiet um Valencia Sintflutartige Regenfälle im Gebiet um Valencia Sintflutartige Regenfälle im Gebiet um Valen....* So, als könnte damit die Uhr um ein paar Sekunden zurückgedreht werden, und Vater hätte nie davon gesprochen.

Trotzdem drang der Gedanke, daß wir ganz weit weg gehen würden, langsam in mein Unterbewußtsein ein, so wie der Kaffee in ein Zuckerstückchen. Und ich wurde mir darüber klar, was es bedeutete wegzugehen.

»Madrid verlassen!« seufzte ich.

»Du hast immer gesagt, daß es dir hier nicht gefällt.«

»Und die Schule?«

»Seit wann kümmerst du dich um die Schule?«

»Und meine Freunde? Und Bea?«

»Bea? Diese eingebildete Tratsche?«

Vielleicht habe ich kurz zuvor noch gedacht, daß Madrid zum Kotzen ist, die Schule ein einziger Krampf und Bea eine eingebildete Tratsche. Aber das war, solange ich davon ausgehen konnte, Madrid, die Schule und Bea noch lange für mich zu haben. Jetzt, da ich dabei war, sie alle zu verlieren, wurden sie mir so wichtig wie nie zuvor. Und daß ich nun all das aufgeben sollte, machte mich verdammt wütend.

Man kann schon ganz schön viel blödes Zeug von sich geben, wenn man wütend ist. Und das Schlimmste ist, daß man noch wütender wird, wenn man sich über die eigene Lächerlichkeit bewußt wird. Und erst recht, wenn man feststellt, daß die Wut überhaupt nichts ändert...

Mensch! Mit der angestauten Wut könnte man eine 100 Watt Birne zum Leuchten bringen! – Also, ich denke schon, daß Wut eine Art Energie ist, die jedoch nicht im Physikunterricht durchgenommen wird.

Ich habe an diesem Tag so viel Energie verbraucht, daß ich danach völlig am Ende war. Wenn man so erschöpft ist, spürt man die Wut gar nicht mehr richtig. Es ist jedoch ein hervorragender Zeitpunkt, sich selbst leid zu tun. Um sich selbst zu bemitleiden, sollte man sich am besten mit dem Bauch auf das Bett legen und darüber nachdenken, wie unglücklich man ist und wie schlecht man vom Rest der Welt behandelt wird. Anfänglich denkt man nur an das momentane Unglück (in meinem Fall die Reise nach Bolivien), aber danach denkt man an all die Mißgeschicke, die einem widerfahren sind, selbst an die, die nicht hierher gehören. Nach einer Weile kriegst du dann ganz geschwollene Augen, und alles scheint dir so traurig, und gleichzeitig fühlst du dich pudelwohl in deinem Weltschmerz. Irgendwann schläfst du ein und wachst am nächsten Tag mit ganz trockenen Augen und einem völlig verschwollenen Gesicht auf. Und für einen Moment fühlst du dich ausgeschlafen und fast zufrieden, bis du dich verdammt noch mal daran erinnerst, daß man dich nach Bolivien brin-

9

gen wird. Und da man nun mal neue Kraft geschöpft hat, kann man wieder aus der Haut fahren, sich wieder selbst bemitleiden... und so fort.

Deshalb waren meine Reisvorbereitungen für Bolivien auch so anstrengend.

2

Man muß schon realistisch sein. Wenn ein Erwachsener, der 30 Jahre älter ist als du und darüber hinaus vorgibt, dein Vater zu sein, etwas für deine Zukunft beschließt, wird dies auch in die Tat umgesetzt. Deshalb fing ich zwischen dem einen und dem anderen Wutausbruch an, mich zu fragen, was das wohl war, Bolivien.

Im Atlas war Bolivien ein rosa gefärbtes Stück Südamerika, eingeschlossen von anderen grün, gelb, orange, violett und rot markierten Ländern: Brasilien, Argentinien, Chile, Perú und Paraguay. Und vor allem: nichts Blaues drum herum. Was kann das schon für ein Land sein, das kein Meer hat?

»Na ja, ein Land doppelt so groß wie Spanien und mit Bergen, gegenüber denen mir der Montblanc lächerlich vorkommt«, erwiderte Vater.

Offensichtlich hatte ich laut gedacht. Ich antwortete nichts, denn damals hatte ich Vater ja den kalten Krieg erklärt. Ich versuchte mich statt dessen wieder auf die Lektüre des enzyklopädischen Lexikons zu konzentrieren. Dort hieß es, daß Bolivien von den Anden durchzogen wird.

Ich las über den Altiplano, eine riesige und kalte Hochebene, 4000 Meter über dem Meeresspiegel. Ich las über den Titicaca-See, den höchsten schiffbaren See der Welt. Ich las über Potosí und die Silberminen, über Indios und Armut. Über einen Militärputsch nach dem anderen. Also ehrlich! Genau das Land, wo man mit seiner Tochter hingehen sollte! Ich betrachtete mir die Fotos: riesige, kahle Ebenen, ausgemergelte Minenarbeiter mit staubverschmutztem Gesicht, Kinder in Lumpen und Llamas, lächerliche Schafe mit hochgestrecktem Hals und einem Kamelgesicht. Und in meinem Kopf nistete sich langsam ein trauriges und schmutziges Bild von Bolivien ein.

Bolivien war wohl das, was man Dritte Welt nannte. Es war Lateinamerika ohne die schönen Seiten von Amerika: ohne Strände, Wärme und Palmen. Ich war so deprimiert, daß ich mich von meinem Feind, der sich neben mich setzte und folgenden Friedensplan vorschlug, übertölpeln ließ:

»Schau mal, Maria«, sagte er mit dem verständnisvollen Unterton eines Vaters, der versucht, seine widerspenstige Tochter zu überzeugen. »Ich habe keine andere Wahl, ich muß nach Bolivien gehen, ich weiß aber nicht für wie lange. Ein Jahr, zwei ... Aber ich sehe ein, daß das für dich ein zu großes

Opfer bedeutet. Ich habe mit Tante Leonor gesprochen, und sie ist bereit, bei dir zu bleiben, hier, zu Hause. Möchtest du?«

»Nein!« schrie ich.

Das war's! Jetzt war ich gefangen. Ich wollte weder weggehen noch hier bleiben. Die Erwachsenen erreichen immer mit List und Tücke, daß ich wie ein verwöhntes Mädchen dastehe, das nicht weiß, was es will! Doch ich wußte genau, was ich wollte. Daß alles so weiterging wie vorher, so wie bisher. Aber die Dinge bleiben nie so, wie sie einmal waren. Das kriegt man beim Älterwerden langsam mit. Und das »Früher« erscheint immer viel besser, wenn Veränderungen anstehen.

Wie auch immer, Vater hatte mich an der Nase herumgeführt, und ich mußte dies mit Sportsgeist hinnehmen. Jetzt blieb mir nichts anderes mehr übrig, als mich zwischen zwei Dingen zu entscheiden, die ich beide nicht wollte, und da ich es nun mal selbst aussuchen durfte, konnte ich auch nicht dagegen aufmucken.

»Ich gehe mit nach Bolivien«, brummte ich.

Vater hatte den Kalten Krieg gewonnen.

3

Vater freute sich wie ein kleiner Junge auf die Reise nach Bolivien. Ich habe noch nie einen Erwachsenen gesehen, der sich so sehr für etwas begeistern konnte wie er. Na ja, außer Fußball-Fans vielleicht. Die anderen Erwachsenen, die ich kenne, freuen sich weniger ausgelassen und frusten sich nicht so sehr.

Denn in diesen und auch ein paar anderen Dingen ist Vater kein normaler Erwachsener. Auch kein normaler Vater. Ich nehme an, daß ich ihn deshalb nie Papa genannt habe, so wie es normale Töchter mit normalen Vätern tun. Für mich ist er Vater. Oder Tijeras, so nennen ihn seine Freunde, mit seinem Nachnamen. Das erste Mal, daß ich so nach ihm rief, tobte Tante Leonor höllisch, und ich glaube, daß ich mich deshalb so sehr für den Namen begeisterte. Wenn man es genau nimmt, paßte »Tijeras« auch viel besser zu ihm als Papa oder Vater.

Denn Vater sah wahrlich nicht wie ein Vater aus. Keiner der Väter, die ich kannte, hatte ein Michael Jackson T-Shirt, keiner fuhr mit dem Rad zur Arbeit, keiner gab vor, noch nie den *Corte Inglés* betreten zu haben, und vor allem ließ keiner seine Tochter blau machen, wenn sie mal schlecht drauf war.

Eigentlich ist Tijeras gar kein Hippy, Revoluzzer oder irgendein unverantwortlicher Zeitgenosse. Weit gefehlt! Er ist ein richtig ernsthafter Typ. Manchmal sogar zu ernsthaft, wenn es um Dinge geht, die für ihn ernst sind. Auf die »nicht ernsten« Dinge wie sein T-Shirt oder einen Schultag seiner Tochter achtet er überhaupt nicht. Ich glaube, er hat nie erfahren, daß sein Michael Jackson T-Shirt von Michael Jackson war.

Die ernsten Dinge waren für Vater die, die er nur mit Großbuchstaben schrieb. Dinge wie WELT-FRIEDEN, ÖKOLOGIE oder MENSCHENRECHTE. Für Dinge mit Großbuchstaben liest er Bücher, geht auf Demonstrationen, spendet Geld und haut auf den Tisch. Ja sogar seine Arbeit ist so eine Sache mit Großbuchstaben: Vater ist Spezialist für SOLAR-ENERGIE. Und diese gehört zu dem Thema mit Großbuchstaben ÖKOLOGIE, denn Vater sagt, mit der Sonne kann man Energie gewinnen, ohne die Umwelt zu verschmutzen und zu zerstören.

Und eben genau die SOLARENERGIE war daran Schuld, daß Vater und ich nach Bolivien gingen. Seine Firma ernannte ihn dort zum Leiter eines Projekts mit dem Namen: SOLARE STROMGEWINNUNG IM ALTIPLANO, oder irgend so einem Käse.

Das war nun die Sache mit Großbuchstaben, die ihn Tag und Nacht beschäftigte.

»Bolivien ist ein riesiges Land voller Berge. Die Strommasten kommen nicht in jeden Winkel. Und was passiert jetzt? Jetzt kommen wir mit unseren Sonnenkollektoren und verwandeln Sonnenenergie in elektrischen Strom. Die Sonnenenergie ist billig, sie ist sauber... Hörst du mir überhaupt zu, Maria? Merkst du überhaupt, wie wichtig die Sonnenenergie für ein so armes Land wie Bolivien ist?«

Ich tat so, als hörte ich ihm zu. Ehrlich gesagt verlor ich rasch den Faden und dachte an etwas anderes. Mir gingen die Dinge mit Großbuchstaben ganz schön auf den Wecker, und das um so mehr, wenn sie Vater interessierten. So sehr, daß sich ein Teil von mir selbst beschimpfte: *Hör doch zu, Maria. Du bist ganz schön frivol. Eine dumme und verzogene Göre, die nur an Jungs und Klamotten denkt. Was würde Tijeras sagen, wenn er deine Gedanken lesen könnte!*

Aber Tijeras kam es nie in den Sinn, meine Gedanken zu lesen. Ich war ja auch keine Sache mit Großbuchstaben: ich lebte in keinem Land, das sich im Kriegszustand befand, ich litt keinen Hunger, ich war keine unterdrückte Minderheit, und meine Ozonschicht war auch nicht beschädigt.

17

4

Bolivien war tatsächlich noch weiter weg, als ich es mir vorgestellt hatte. Ich weiß nicht mehr, auf wie vielen Flughäfen wir wie oft den Flieger gewechselt haben. Ich hatte fast den Eindruck, daß uns die Stewardessen die Zeit vergessen machen wollten, indem sie uns zu den unmöglichsten Zeiten mit Frühstück, Mittag- oder Abendessen fütterten.

Vater kannte Bolivien schon. Er erzählte mir begeistert von dem, was ich dort vorfinden würde, entweder um mich abzulenken oder um mich aufzumuntern oder vielleicht auch nur, weil es Spaß macht, jemandem, der keine Ahnung hat, von etwas zu erzählen, das einem selbst bestens vertraut ist.

»Bolivien ist doppelt so groß wie Spanien. Und es gibt alle Vegetationszonen dort. Es gibt einen tropischen Teil mit Regenwald, fast auf Meereshöhe.« – Vater schnappte sich ein Brötchen von unserem zweiten Frühstück und ließ es über sein Tablett wandern. »Es hat einen von sehr fruchtbaren Bergtälern durchzogenen Teil in 2000 m Höhe.« – Vater hob das Brötchen auf Höhe seiner Nase. »Und es hat eine Hochebene, den Altiplano, wie glattrasiert auf 3500 bis 4000 Metern Höhe. Weißt du, was das bedeutet, 4000 Meter?« Vater hob das Brötchen mit ausgestrecktem Arm über seinen Kopf, als ob es mir damit leichter fallen würde, mir 4000 Meter vorzustellen. »Der höchste Berg Spaniens mißt nicht einmal 4000 Meter!«

Vater ließ das Brötchen weiterhin über seinem Kopf dahinschweben, und die anderen Passagiere fingen an, ihn neugierig anzustarren.

»Wir werden auf dem Altiplano leben, in La Paz. Die höchst gelegene Großstadt der Welt! Dreitausendsechshundert Meter! Wie findest du das?«

»Toll, aber nimm bitte das Brötchen runter«, flüsterte ich und schaute aus dem Augenwinkel auf die anderen Leute. Eltern schaffen es doch immer wieder, einen in total peinliche Situationen zu bringen.

Vater nahm La Paz herunter und aß es mit Butter auf. Jetzt war endlich klar, daß mal wieder ich bei der ganzen Sache draufzahlen mußte! Da gab es einen Teil Boliviens mit Sonne und Palmen und einen anderen Teil mit grünen Tälern, der war auch nicht schlecht! Aber meine Wenigkeit mußte natürlich den dritten Teil Boliviens erwischen, nämlich den schlechtesten: den traurig kahlen Altiplano!

Ich spazierte über den Altiplano, so nahe am Himmel vorbei, daß ich mich ein wenig bücken mußte und mit den Fingern den Boden berührte. Ich ging weiter. Der Himmel kam immer näher. Er bog meinen Kopf. Schon begann er mir auf die Schultern zu drücken. Ich bückte mich noch mehr. Ich ging in die Hocke. Ich kroch auf dem Bauch. Und der Himmel kam immer näher, so als wollte er mich erdrücken...

»Werte Fluggäste, wir überfliegen gerade die Anden. In Kürze werden wir auf dem Flughafen *El Alto* in La Paz landen...«

Ich zuckte zusammen, öffnete die Augen und sah unter dem Flugzeug einen Haufen kahler, schroff abfallender Bergrücken. Sie waren furchterregend. Sie machten auf mich eher den Eindruck halb vergrabener, riesengroßer Tiere. Es gab kein Lebenszeichen an den Hängen: keine Menschen, keine Tiere, keine Pflanzen. Sicher hatte noch nie jemand einen Fuß dorthin gesetzt. Ich dachte, wie wenig wir Menschen doch im Vergleich zu dieser enormen Masse Erde sind. Und La Paz lag genau in ihrem Zentrum, umgeben von diesen dinosaurierhaften Bergen, denen ich nichts Gutes abgewinnen konnte.

Wir näherten uns einem schneebedeckten Berg, der viel höher als die anderen war. Wir kamen ihm so nahe, daß man beinahe den Schnee mit den

Händen hätte greifen können. Ein mulmiges Gefühl durchfuhr meinen Magen.

»Vater! Wir werden an dieser Bergspitze zerschellen!« Ich griff panisch nach seiner Hand.

»Maria! Du brichst mir die Finger!«

Ich öffnete die Augen und ließ Vaters Hand los. Wir waren bereits über den Berg hinweg geflogen. Vater lächelte mich an. Auch die anderen Passagiere lächelten verständnisvoll über das Geschrei des armen Mädchens, das sicherlich bisher noch nie geflogen war. Wie peinlich!

Deshalb kam ich schon ganz schön wütend in La Paz an.

5

La Paz ist eine Stadt, die nur im Traum existiert, dachte ich. Sie ist ein schlechter Scherz!

Von der Straße aus, die vom Flughafen herunterführte, wirkte sie mickrig, eingepflanzt in ein Loch inmitten dieser wüstenartigen Hochebene des Altiplano, so als ob jemand eine Wette abgeschlossen hätte, daß sie dort reinpaßt. Und es schien, daß dieser jemand die Häuser wahllos über einem Topf verstreut hätte, um die Stadt zu machen. Die ärmlichsten verblieben wild verstreut am oberen Rand und an den Seitenwänden des Topfes. Und die ansehnlichsten fanden ihren sicheren Platz wesentlich ordentlicher angeordnet auf dessen Boden.

Das Taxi – eigentlich wurde jeglicher fahrbare Untersatz in diesem Land Taxi genannt – näherte sich der Mitte des Loches, so als führen wir in ein offenes Grab. Und als wir mitten drin waren, ging das große Chaos los.

Ein Haufen klappriger Busse unterbrach ständig den Verkehr, weil sie anhielten und die Passagiere ein- und aussteigen ließen, und die im Stau stehenden Autos hupten alle gleichzeitig. Ein bitterarmer Mann streckte seinen Kopf durch das Fenster unseres Taxis:

»Gib mir was... Gib mir was für ein kleines Stückchen Brot«, winselte er.

Ein Mädchen mit ganz schmutzigem Gesicht lehnte seinen Kopf an das andere Fenster:

»Kauft mir doch Kaugummi ab... Zehn Stück für einen Peso.«

Ein Junge lief zwischen den Autos herum und verkaufte Tageszeitungen:

»La Razón, Presencia, Diario!«

»Ziiiimt, Miiilcheis, Saaaaahneeis«, schrie eine Eisverkäuferin.

»Dollar, Dollar... Wechsle Dollar«, verkündete ein Mann, während er mit einem Bündel Geldscheinen wedelte.

Tausend Düfte erfüllten die Luft, und keiner davon gefiel mir. Die Farben überwältigten mich, so wie bei einem Werbefoto für Kodak: das Obst der Straßenstände, die Kleider der Frauen, das Blau des Himmels... Es waren einfach zu viele Leute, so als hätten alle gleichzeitig ihre Häuser verlassen. Ich sah viele dunkle Gesichter, beinahe schmutzig, und ein Meer heruntergekommener, armseliger Kleidung. Und dann, dann sah ich auf einmal nichts mehr, weil ich nicht mehr in der Lage war, mehr Eindrücke aufzunehmen, und kniff die Augen zusammen und öffnete sie erst wieder, als Vater mich aufforderte, aus dem Taxi zu steigen.

»Wir sind schon zu Hause!«

Erst blickte ich nach vorne und dann nach oben, dann weiter nach oben und noch weiter nach oben, aber das Gebäude schien nicht aufhören zu wollen.

»Wie findest du es? Wir werden im zweiundzwanzigsten Stock wohnen. Dreitausendsechshundert Meter plus zweiundzwanzig Stockwerke. Wenig Leute auf der Welt können damit angeben, so hoch zu wohnen!«

Vater konnte immer allem sofort etwas Begeisterndes abgewinnen. Ich dagegen empfand in jenem Moment alles als ganz schrecklich, ja sogar als widersinnig. Und als wir die Wohnung betraten, bestand Tijeras darauf:

»Schau, was für eine tolle Wohnung! Groß, modern, gut eingerichtet!«

Und jetzt kam mir alles noch absurder vor. Was machte diese Luxuswohnung bloß inmitten dieser total verrückten Stadt? Und wie kam verdammtnochmal diese Stadt voller Narren mitten in dieses Nichts?

Denn um La Paz herum gab es nur das Nichts: kahle und vegetationslose Berge, wie Filetstücke toter Tiere, die ich vom Flugzeug aus gesehen hatte. Mir kam in den Sinn, daß einer dieser ruhenden Riesen sein Rückgrat schütteln könnte und damit

25

ganz La Paz zusammenfallen würde. Manchmal habe ich solche hirnrissigen Ideen und bekomme Angst dabei. So als ob es nach der letzten Stufe einer Treppe beim Hinuntergehen nichts mehr gäbe und ich ins Unendliche fallen würde. Ich weiß, daß das Blödsinn ist, aber was kann ich dagegen tun? Man erschrickt ja nicht nur, weil man will. Mir wurde ganz einfach schwindelig, ich bekam in dieser Wohnung schlicht Höhenangst und wollte mich an etwas Standhaftem festhalten. Zum Glück entdeckte ich den *Illimani.*

Der Illimani, jener schneebedeckte Bergriese, den wir bei der Landung überflogen hatten, erhob sich vor dem Fenster meines neuen Zimmers, so als würde er darauf aufpassen. Er zeigte sich riesig und wunderschön. Ich verzieh ihm sogar den Schrekken, den er mir beim Landeanflug eingeflößt hatte. Jetzt erschien er mir nicht mehr bedrohlich wie die anderen, kleineren Berge. Sein dicker, weißer Schädel wirkte beschützend, so wie ein Großvater.

»Er ist eigentlich ein Opa, und er beschützt auch«, sagte Vater. »Die Indios glauben, daß ihre Götter und ihre ehrenwertesten Vorfahren mit der Natur eins werden. Und die wichtigsten ziehen in die höchsten Bergen ein. Das sind die *Acha... Acha...*«

Heute kann ich mit ziemlicher Verspätung Vater unter die Arme greifen und das unaussprechliche Wort, das ihm damals im Hals stecken blieb,

26

zu Ende führen: *Achachilas,* so heißen die Geister der Vorfahren, die der Natur innewohnen.

»Na gut, die *Acha...* – wie auch immer. Jetzt setz dich hierher, damit ich dir 'was Tolles zeigen kann.«

Ich setzte mich neben Vater auf das Sofa. Durch das große Wohnzimmerfenster konnte man die Hänge sehen, die rund um die Stadt lagen, das heißt, auf den Wänden des Loches, in dem sich La Paz befand. Ja, eben jene Wände, an denen jemand die ärmsten und häßlichsten Häuser verstreut hatte. Die Sonne ging gerade unter.

»Das ist El Alto.« Vater zeigte auf die Hütten. »Eigentlich ist es eine eigene Stadt neben La Paz, wo die einfachen Leute wohnen, Indios und arme Mestizen. Dort oben gibt es vielerorts keine Straßen, kein Kanalsystem, keinen Strom, kein Wasser... Täglich kommen neue Leute vom Land dort auf der Suche nach Arbeit an. Sobald sie können, bauen sie sich eigenhändig ein Haus aus Lehm und Ziegeln. La Paz dagegen wächst ganz langsam am Boden des Loches vor sich hin, dort wo die Weißen und die betuchten Mestizen wohnen.«

Je dunkler es wurde, umso mehr Lichter gingen an den Hängen der Armen an. Die unsäglich verwahrlosten Hütten verschwanden langsam und verwandelten sich in kleine leuchtende Punkte. Ich mußte an die Krippe denken, die jedes Jahr zu Hause an Weihnachten in der benachbarten Pfarrgemeinde aufgestellt wurde, in der es ebenfalls Tag und Nacht wurde. Als alle Lichter angeschaltet waren, bekam ich Lust zu applaudieren. Und ich war auch um einiges ruhiger, seit ich nicht mehr diese Häuser vor mir hatte, deren Anblick mich daran erinnerte, daß es dort ganz in meiner Nähe Menschen gab, die es nicht so warm und angenehm hatten wie ich in meiner Wohnung im 22. Stock.

Liebe Bea !

La Paz ist eine schreckliche Stadt, wo alles durcheinander läuft, selbst das Wetter.

Da steht ein Luxushochhaus direkt neben einem fast verfallenen Gebäude, ein klappriger Bus gleich neben einem nagelneuen Toyota-Geländewagen, eine feine Dame neben einem Bettler, usw. Es ist ein wildes Durcheinander von Geräuschen, Farben, Gerüchen, Menschen und Autos, die hier noch nicht einmal Autos, sondern „movilidades", also <u>Fortbewegungsmittel</u> genannt werden. Was für ein blödes Wort!

Viele Leute hier sehen nicht so aus wie wir. Sie haben eine andere Hautfarbe, eine andere Gesichtsform (so als würde der letzte Schliff fehlen), sie ziehen sich anders an, blicken anders drein, reden anders... Es sind Aymara- und Quechuaindianer. Das sind die Leute, die hier schon waren, bevor die

Spanier kamen. Ehrlich gesagt habe ich ein wenig Angst vor ihnen, und ich ekle mich auch ein wenig vor ihnen. Sie stinken. Vater würde mich umbringen, wenn er das hier lesen könnte, denn er ist hier total zum Indianerfreund geworden. Er ist ja in allem immer päpstlicher als der Papst. Kannst Du Dich noch daran erinnern, als bei ihm die Ökologiemanie ausgebrochen ist, er sich ein Fahrrad kaufte und alle Spraydosen zu Hause in den Müll warf, auch den Haarschaum, den Du mir geliehen hattest? Jetzt reagiert er genauso. Er zieht sogar eine total bunte Weste an und stolziert damit wie ein Pfau durch die Gegend, weil er annimmt, daß sie die Indios tragen. Eigentlich tragen sie aber doch nur Gringos wie er.

In Bolivien sind mehr als die Hälfte der Bevölkerung Indianer, stell Dir das mal vor. Das heißt also, es gibt einen Haufen armer Leute. Und wie arm die sind — einer ärmer als der andere! Da kann man über die spanischen Bettler nur lachen. Heute habe ich einen gesehen, den konnte man noch nicht einmal mehr als menschliches Wesen bezeichnen! Seine Haut war wie die Rinde einer Baums, und seine Füße konnte man nur als solche erkennen, weil sie unten am Körper waren. Er hat Vater seinen Bettelhut in den Bauch gedrückt und gegrunzt wie ein Tier. Ganz schön beeindruckend! Es ekelte mich an, und gleichzeitig empfand ich Mitleid. Zu all dem wollte Vater ihm nichts geben, denn er ist der Meinung, daß das Armutsproblem nicht mit Almosen gelöst werden kann. Vielleicht wird das Problem dadurch nicht gelöst, aber der arme Kerl hätte sich wenigstens ein Stück Brot kaufen können. Meinst Du nicht? Natürlich, wenn man damit anfängt, müßte man mit einem Sack voll Geldstücken aus dem Haus gehen, denn hier gibt es mehr Bettler als Reis in der Suppe. Vor allem Kinder. Ganz kleine Knirpse, die dir nachlaufen und dich um Geld anhauen. Und kleine Schuhputzer, die auf Vaters Schuhe zeigen und sagen: „Soll ich putzen, Caballero?", „Nur ein kleines 50 Cent Stück", „Wenn's nicht glänzt, zahlt er nicht", und so ein Zeug. Vater wird dann sauer, denn je mehr Kinder auf seine Schuhe zeigen, desto schneller bekommt er das Gefühl, daß seine Schuhe wirklich schmutzig sind. „Dann laß sie dir doch putzen" sage ich. Und er meint dann, daß das überhaupt nicht in Frage kommt, daß er bei dieser Ausbeutung nicht mitmachen möchte.

31

Daß die Kinder besser in die Schule gehen sollten und so weiter: Bla – Bla - Bla. Und dann sage ich noch, daß, wenn sie schon nicht in die Schule gehen, sie sich wenigsten diese 50 Cent dazuverdienen könnten, und er antwortet darauf, daß dies einer Verewigung der Ausbeutung gleich käme und daß man das System verändern müßte, aber er sagt mir niemals wie. Trotz allem finde ich es toll, daß wir solche Diskussionen führen, fast wie Erwachsene.

Da wir hier so hoch liegen, ist die Luft viel dünner und weniger sauerstoffreich. Deshalb wirst du sofort müde, wenn du nur ein wenig bergauf gehst, und dein Herz fängt tierisch an zu klopfen: bummbum, bummbum, bummbum. Manche Leute werden dabei krank, das nennt man dann Höhenkrankheit. Man soll dagegen Mate de Coca trinken, einen leicht bitteren Tee aus Cocablättern. Genau, Coca, dasgleiche, aus dem das Kokain für die Drogensüchtigen hergestellt wird. Ich habe von diesem Coca-Tee getrunken, der turnt dich aber überhaupt nicht an, ein glatter Reinfall! Ich nehme an, das ist genauso, wie wenn du zum Besoffenwerden Weintrauben ißt statt Wein zu trinken.

Hier ziehen sich die „dunkelhäutigen" Männer ganz normal an, aber unter den „dunkelhäutigen" Frauen gibt es etliche, die sich anziehen, das ist der Hammer, so als kämen sie aus einer anderen Zeit. Sie werden „Cholitas" genannt. Eine Cholita ist wie ein wandelndes Faß mit einer Tischdecke darüber. Sie tragen was weiß ich wie viele extraweite, knallbunte Röcke übereinander („Polleras" heißen die hier), wobei man nicht feststellen kann, wo die „Cholita" aufhört und die Kleider anfangen.

Sie haben ein richtiges Tortengesicht, dicke rote Backen und ein Paar ewig lange, schwarze Zöpfe. Auf dem Kopf tragen sie eine mickrige Melone, wobei es immer so ausschaut, als ob sie gleich herunterfallen würde. Kein Mensch weiß, wo dieses Ding von Hut herkommt. Vater hat in einem seiner Bücher gelesen, daß ein englischer Geschäftsmann hierher kam, um die Eisenbahn zu bauen, und statt seinen Arbeitern Geld auszuzahlen, hat er ihnen eine Ladung britischer Melonen vermacht, die er übrig hatte. Und damit fing offensichtlich diese Mode an. Ich weiß nicht, ob das stimmt, aber die Geschichte gefällt mir. Tijeras regt sich immer darüber auf, weil dies abermals ein Beispiel dafür sei, wie der Weiße die Indios ausnutzt. Ich habe Dir schon erzählt, daß er mich ein wenig mit dem Thema Indios nervt.

Wenn ich die Cholitas bloß anschaue, werde ich schon müde. Sie transportieren ständig irgend welches Zeug in bunten Tüchern durch die Gegend, die sie auf dem Rücken tragen. Diese Tücher heißen „Aguayos". Darin befördern sie Essen, Möbel, Blumen, Kinder und wenn nötig sogar ihre Großmutter.

Außer, daß sie ständig beladen wie Packesel herumlaufen, verkaufen die Cholitas Sachen auf der Straße oder arbeiten im Haushalt von Leuten mit Geld, wie früher die Dienstmädchen in Spanien. Hier sind wir, Vater und ich, „Leute mit Geld", denn es ist alles billiger als in Spanien. Wir könnten also eine Cholita im Hause haben. Aber das kommt mir nicht in die Tüte! Ich würde mich davor ekeln! Deshalb essen wir weiterhin jeden Tag Eier „a la boliviana". Das ist eine Art, Eier zuzubereiten, auf die Vater zufällig gestoßen ist: weder Rührei noch Spiegelei, eigentlich genau das Gegenteil. Ein Witz! Voll mit abscheulichem, nicht geronnenem Eiweiß! Aber ich esse und halte meinen Mund. Besser Eier „a la boliviana" essen, als so eine Frau im Hause zu haben.

Hier wird es jetzt langsam Sommer. Es ist schon etwas komisch, wenn man überlegt, daß Ihr jetzt in Spanien Herbst habt. Das ist natürlich hier ein ziemlich beschissener Sommer. Auf 3500 Metern Höhe ist die Luft immer kalt, obwohl tagsüber die Sonne unerbittlich herunterbrennt. Das Schuljahr ist nächsten Monat vorüber. Deshalb werde ich erst im nächsten Jahr mit dem Unterricht hier beginnen, irgendwann im Februar.

Vater will mich auf das US-amerikanische Gymnasium schicken. Unglaublich! Er, der sich immer so über die Amis aufregt! Er sagt, daß mit der Erziehung nicht zu scherzen sei und daß dies die beste Schule vor Ort ist. Und ich könnte ja auch mein Englisch verbessern... Ich komme extra nach Bolivien, um mein Englisch zu verbessern! Da wäre ich doch besser nach England gegangen.

So weit so gut, ich mache jetzt Schluß. Erzähl mir doch ein bißchen von unserer Klasse und ganz besonders von „Du-

weißt-genau-von-wem". Stutzt er sich schon
dieses lächerliche Bärtchen, das seit kurzem
bei ihm sprießt? Wenn nicht, wäre ich fast
in der Lage, mir hier so einen Aymaraindio
zu angeln... Habt Ihr schon angefangen, für
das Weihnachtsstück zu proben? Werden
schon die heißen Maroni auf der Straße
verkauft? Ich denke ständig daran, was bei
Euch so passiert: „Jetzt haben sie bestimmt
gerade Turnen." — „Jetzt läutet es bestimmt
zum Mittagessen." — „Jetzt haben sie
Mathe mit der Coseno." Eigentlich denke ich
daran am wenigsten. Denn wenn Ihr
Unterricht bei der Coseno habt, liege ich
meist noch im Bett und döse vor mich hin.
Hier sind wir 6 Stunden zurück. Es ist
schon angenehm, hier noch in den Federn zu
liegen, während die Coseno Gleichungen für
Euch an die Tafel kritzelt. Aber nur dafür
lohnt es sich nicht, hier zu sein. Und ich
finde es doof, mit sechs Stunden Verspätung
zu leben. Ich habe den Eindruck, daß die
Zeit bereits von der halben Welt aufge-
braucht worden ist, wenn sie bei uns
ankommt. Oder noch schlimmer, von der
ganzen Welt, denn Bolivien kommt mir wie
das Ende der Welt vor. Wenn ich hier noch

ein bißchen weitergehen würde, käme ich bestimmt an ein Schild mit der Aufschrift : „Weitergehen verboten" und dahinter ein Schwarzes Loch...

O.K., vom Ende der Welt schicke ich dir den längsten Brief meines Lebens und einen dicken Kuß.

Maria

P.S.: Hier ist wirklich das Ende der Welt! Stell Dir vor, es gibt noch nicht ein- mal einen McDonald's...

7

In Anbetracht der Umstände waren die ersten Tage in La Paz gar nicht so schlecht. Vater mußte noch nicht arbeiten. Wir spazierten lange durch die Stadt. Wir aßen Eier »a la boliviana«. Wir sahen uns abends die »Krippe« an. Diesen Namen gab ich dem Sonnenuntergang über den Bergen von La Paz. Es hat mir schon immer gefallen, Wörter zu erfinden, damit Vater und ich die Dinge benennen konnten. So haben wir gemeinsame Geheimnisse, auch wenn es sich nur um Wörter handelt. Das ärgerte Tante Leonor sehr:

»Was heißt, du gehst auf den Thron? Welchen Thron?«

Vater nahm die Zeitung und verschwand mit einem schelmischen Lächeln im Badezimmer.

Natürlich brauchten wir hier jetzt keine Geheimsprache mehr. Vater und ich waren alleine. Es war ein komisches Gefühl, aber es gefiel mir überhaupt nicht: Vater, ich, und gar nichts, was zwischen uns stand, keine Schule, keine Arbeit, kein Fernsehen, keine Tante Leonor, keine Anrufe...

Langsam gefiel mir sogar die Stadt, nur weil ich sie mit Vater durchstreifte. Anfänglich stieß mich der Kontrast zwischen dem Häßlichen und dem Schönen, zwischen dem Reichtum und der Armut, zwischen dem Alten und dem Modernen vor den Kopf, so sehr, daß ich nicht bemerkte, daß auch das Normale existierte. Es gab tatsächlich auch Gebäude, die weder sehr alt noch sehr neu waren, und Autos, die weder sehr klapprig noch sehr luxuriös waren, und Leute, deren Hautfarbe weder sehr dunkel noch sehr hell war, und Familien, die weder sehr reich noch sehr arm waren. Es war eine echte Erleichterung, das Normale zu entdecken. Aber es blieb fast keine Zeit, all dies zu genießen, denn Tijeras fing bald an zu arbeiten. Und kurz darauf fand er eine neue dieser mit Großbuchstaben zu schreibenden Sachen, die er bisher noch nicht kannte: DIE INDIANERPROBLEMATIK IN BOLIVIEN.

Es war Schluß mit den Spaziergängen, und die Stadt wirkte wieder genauso unangenehm auf mich wie am ersten Tag. Ich blieb stundenlang alleine zu Hause. Und wenn ich nicht alleine war, so hatte ich doch das Gefühl, es zu sein: Vater kam mit einem übermüdeten Gesicht aus der Arbeit und setzte sich hin, um Buch auf Buch zu lesen: INDIANER IN BOLIVIEN, DIE LANDREFORM UND DIE INDIANER, WIE DEN UREINWOHNERN DIE LÄNDEREIEN ENTEIGNET WURDEN, AYMARA-KULTUR, und so weiter, und so weiter. Oft ist er beim Lesen eingeschlafen, oder was noch

40

viel schlimmer war, er ist während unserer heiligen Viertelstunde beim Betrachten der »Krippe« eingenickt.

In der Zwischenzeit hielten Schmutz und Staub Einzug in unsere Wohnung. Die Küche war schon total verfettet. Die Badewanne bekam langsam einen gelblichen Rand. Unsere Mägen begannen gegen die Eier »a la boliviana« zu rebellieren. Das waren genau die Dinge mit Kleinbuchstaben, denen Vater niemals Beachtung schenkte. Es kamen aber so viele „unwichtige" Dinge zusammen, daß sie sogar Tijeras bemerkte.

»Wir sollten eine Cholita anstellen, die für uns putzt und kocht«, sagte er eines Tages.

»Kommt nicht in Frage!« antwortete ich.

Aber im Laufe dieser Geschichte hat man ja schon bemerkt, daß meine Meinung damals nicht besonders viel zählte.

So trat Casilda in unser Leben.

8

Casilda betätigte eines Morgens unseren Klingelknopf mit einem so zaghaften Druck, daß ich dachte, es hätte nur in meiner Phantasie geklingelt. Trotzdem ging ich vorsichtshalber die Tür öffnen, und da stand sie vor mir: eine waschechte Cholita, nur etwas klein geraten. Sie war vielleicht ein bißchen älter als ich: vierzehn, höchstens fünfzehn Jahre alt. Sie hatte die obligatorischen schwarzen, sehr langen Zöpfe und ein rundes Gesicht mit roten Wangen, glänzend wie Äpfel in der Auslage eines teuren Obstladens. Sie trug eine Pollera in schallendem Rosa und ihre Melone so sehr zur Seite gelehnt, daß ich Lust bekam, sie ihr mit einem leichten Hauch vom Kopf zu pusten.

Während sie ein paar Worte flüsterte, die ich nicht verstand, rang sie mit den Händen und starrte verschüchtert auf den Boden.

Ich dachte, daß sie sich wohl in der Tür geirrt hatte, bis Vater halbrasiert auftauchte:

»Du mußt Casilda sein.«

Jetzt senkte Casilda noch mehr ihren Kopf, wurde knallrot und murmelte etwas vor sich hin:

»Ja, mein Herr.«

Seit diesem Tag hatten wir ein kleines Mäuschen durch die Wohnung huschen. So zumindest taufte ich sie mit einiger Boshaftigkeit: das Mäuschen, aber es war das erste Mal, daß Vater eine meiner verbalen Neuschöpfungen nicht übernahm. Das Mäuschen putzte, wusch die Wäsche, kaufte ein, kochte. Es bewegte sich auf leichten Füßen ganz stumm durch die Zimmer. Und immer, wenn es uns, Vater oder mich, erblickte, drehte es ruckartig ab und verschwand fluchtartig in der Küche. Selbstverständlich drehte ich mich ebenfalls barsch zur Seite, wenn sie mir unter die Augen kam. Ich hörte sie nie kommen, und ihre Anwesenheit machte mich nervös, so als gehörte sie einer anderen Spezies an.

Ich war stinksauer auf Tijeras, weil er mir Casilda gegen meinen Willen und ohne Vorankündigung in mein Nest gesetzt hatte. Aber es war nutzlos, sich über Tijeras aufzuregen, denn er bemerkte mein langes Gesicht zu keinem Zeitpunkt. Und so kam es, daß sich mein Frust über Casilda entlud, denn ich haßte sie allein ihrer Anwesenheit wegen, aber auch, weil sie so schüchtern und unterwürfig war; und wegen der Sache mit der Suppe natürlich.

Ich habe noch nie gerne Suppe gegessen. Eine

Mahlzeit, die man nicht kauen kann, ist doch kein richtiges Essen. Und so kam es, daß mit Casilda unsere Eierdiät »a la boliviana« von einer Suppendiät abgelöst wurde. Montags: Suppe. Dienstags: Suppe. Mittwochs: Suppe... Und das ab jetzt für immer.

»Ich wette, daß uns das Mäuschen heute wieder Suppe vorsetzen wird«, knurrte ich an jenem Tag vor mich hin, während Vater und ich darauf warteten, daß Casilda uns das Mittagessen servierte.

Casilda kam herein, brachte uns die Suppe wie jeden Tag und verschwand wieder.

»Siehst du?« rief ich wütend mit triumphierendem Blick. »Die Suppe steht mir schon bis hier!«

»Wenn du willst, daß sie etwas anderes kocht, dann bring es ihr doch bei.«

Vater wußte ganz genau, daß sich meine Kochkünste auf das Aufwärmen von Speisen in der Mikrowelle beschränkten. Und hier gab es keine Mikrowelle. Grimmig verlagerte ich meinen Angriff:

»Schau her! Ein Haar!« schrie ich auf meinen Teller blickend. »Ekelerregend! Und das ist noch nicht einmal das schlimmste. Sie wäscht sich nie die Hände. Hast du dir schon einmal ihre Fingernägel angeschaut? Und mit diesen Händen faßt sie unser Essen an... Demnächst werden wir noch krank davon! Seit sie bei uns ist, schmeckt alles so komisch, riecht alles so komisch. Es riecht einfach nach Casilda. So wie nach Schweiß... von Tieren, nach... ach, ich weiß nicht was! So hat es vorher nie gerochen.«

Keiner von uns beiden hatte bemerkt, daß Casilda direkt am Tisch stand und darauf wartete, die Suppenteller abzuräumen. Ich weiß nicht, was sie von unserem Gespräch mitgekriegt hatte. Wir verstummten sofort. Ich, beschämt; Vater, beschämt und außer sich vor Wut.

»Jetzt reicht es wirklich, Maria!« sagte er, als Casilda in der Küche verschwand. Und er warf mir einen mehr als verächtlichen Blick zu. »Du bist hier nicht in deinem Land, und selbstverständlich sind hier die Dinge nicht wie zu Hause. Und logischerweise werden sich die Cholitas nicht deswegen ändern, weil auf einmal du hier aufgetaucht bist. Du mußt dich umstellen und dich an Land und Leute anpassen.«

»Mich nicht mehr duschen? Wie ein Hund stinken? Suppe mit Haaren essen? Das soll ich tun?« schrie ich völlig außer Sinnen, aber mit jener Fistelstimme, die meiner Argumentation einen Ton verlieh, der zeigte, daß ich im Unrecht war.

»Du weißt sicher, was du zu tun hast!« – Vater stand vom Tisch auf, ohne fertig zu essen. »Und jetzt entschuldige, aber ich bin schon spät dran und habe eine Besprechung.«

Verdammt noch mal! Was für ein Wutanfall! Ich mußte an mein Zimmerfenster gehen und den Großvater Illimani anstarren, um mich ein wenig zu beruhigen.

Natürlich! Eine Besprechung! So ließ es sich leicht in Bolivien leben! Zur Arbeit gehen. Besprechungen abhalten in Bürozimmern, die überall auf der Welt gleich sind. Schwierig dagegen ist es, stundenlang gelangweilt zu Hause zu sitzen und mit Casilda Verstecken zu spielen.

Ja, das war es; wir spielten beide Verstecken. Sie versuchte nicht da zu sein, wo ich war, und ich nicht, wo sie war. Wenn ich in die Küche kam und sie dabei überraschte, auf ihre Art und Weise zu essen, nämlich mit den Fingern, drehten wir uns beide ruckartig voller Scham um. Wenn sie in mein Zimmer kam, um es aufzuräumen, und mich vor mich hinträumend auf meinem Bett vorfand, das gleiche Spiel. Daß sie mich die Zeit totschlagen sah, während sie, ein kaum älteres Mädchen als ich, die Wäsche wusch, putzte, bügelte und kochte, ließ mich ganz schön beschissen vorkommen. Und dieses Gefühl bekam ich nur dadurch los, indem ich noch mehr Wut ihr gegenüber verspürte.

Ich roch an mir und roch nichts. Aber ich dachte daran, was das Gringomädchen über meinen Geruch gesagt hatte, und mein Gesicht begann zu glühen. Desderhalb ging ich ins Bad, das voller Fläsch-

47

chen war, und bespritzte mich aus einem, so wie es das Fräulein tat. Das Parfüm machte meinem Kopf den ganzen Tag Schmerzen, und im Bus ist mir fast schwindelig geworden auf der Fahrt nach Hause. Am nächsten Morgen roch der Herr genauso, denn das Parfüm war seins. Ich wußte nicht, daß die Männer benutzten Parfüm auch.

Also eigentlich, eigentlich bin ich schon sauber, nicht wahr, nur meine Kleider umziehen oft, kann ich nicht, weil's mir dafür nicht reicht, nicht wie das weiße Mädchen, das einen ganzen Schrank voller Kleider hat und mehr als fünf Hosen. Und auf einem Mal bekam ich Lust, Hosen anzuziehen auch und keine Cholita mit Pollera mehr zu sein, denn von dort kommt all das Übel, denn nur weil ich eine Cholita bin, glauben viele, daß du schmutzig und doof bist, und sie machen lustig sich. Deshalb zieht fast keine von meinen Freundinnen mehr eine Pollera an. An eben diesem Abend träumte ich von mir, daß ich Hosen trug, und ich fühlte mich wie Huhn ohne Federn, und ich kam ins Dorf, und als mich meine Mama sah, schämte sie sich und schlug mich. Deshalb war es, daß ich am Morgen dachte, daß ich die Pollera weiter tragen sollte, denn meine Tante sagt auch, daß man stolz sein muß, Chola zu sein, und daß eine gut gekleidete Chola tausendmal eleganter ist als eine Dame mit Kleid.

9

Hallo Bea,

eigentlich weiß ich gar nicht, warum ich Dir schreibe, wo Du mir doch noch nicht einmal auf meinen ersten Brief geantwortet hast, aber irgendwie bin ich ein bißchen depressiv, und mit irgendjemandem muß ich ja reden, auch wenn es mit einer schlechten Freundin ist.

Das ist echt abgefuckt hier. Auf der Straße passieren so viele Sachen gleichzeitig, daß man völlig benebelt wird, und deshalb traue ich mich fast nicht, alleine raus zu gehen. Jetzt regnet es auch noch ständig. Es ist Regenzeit. Das Land ist so rückständig, daß die hier noch Regenzeit haben, wo ich doch dachte, daß es so was nur im Regenwald gibt. Anfänglich war es hier ja gar nicht so schlecht, weil alles noch neu für mich war und Vater noch nicht arbeitete und ich viel Zeit mit ihm verbringen konnte.

Aber jetzt ist es schrecklich. Tijeras hat so eine Cholita angestellt, um die Hausarbeit zu erledigen.

Ich habe nie in meinem Leben so versiffte Fingernägel gesehen. Jeden Tag gibt es Suppe mit Haaren. Irgendwann kriegen wir noch die Cholera oder haben irgend so einen Bandwurm im Darm oder sonst noch was.

Tijeras findet alles toll. Er ist von seiner Arbeit begeistert, er ist von Bolivien begeistert, er ist von den Indios begeistert und tunkt sein Brot in die letzten Reste der Suppe mit Haaren. Er läuft immer noch mit der bunten Indioweste herum und arbeitet viel. Ich sehe ihn zum Mittagessen und dann wieder am Abend, aber er kommt so müde nach Hause, daß er meistens, wenn wir die Krippe anschauen, mittendrin einschläft. Als Krippe bezeichnen wir den Sonnenuntergang in La Paz, wenn in den Armenvierteln an den Berghängen rund um die Stadt die Lichter angeknipst werden. Wenn ich Dir sage, daß das der spannendste Moment am ganzen Tag ist, kannst Du Dir vorstellen, wie der Rest ausschaut.

Außerdem LANGWEILE ich mich in Großbuchstaben. Die Stunden, die

Vater außer Haus ist, kommen mir wie eine Ewigkeit vor. Ich schlafe viel und habe keine Lust, irgendetwas zu unternehmen. Ich habe das Poster von Prince gegenüber von meinem Bett aufgehängt, und ich kann Dir auswendig sagen, wie viele Zierknöpfe auf seiner Jacke sind. Ich kenne niemanden hier. Casilda zählt nicht, denn ich wüßte nicht, worüber ich mit ihr reden könnte, sie ist einfach nur ein graues Mäuschen.

Na ja, also einen Freund habe ich. Ich sehe ihn immer dann, wenn er nicht von Nebelschwaden verhüllt ist. Ich erzähle ihm von meinen Dingen. Es ist ein Berg. Er heißt Illimani. Tja, Du merkst schon, daß ich langsam ein bißchen meschugge werde. Erzähl das doch mal der Schulpsychologin, vielleicht schicken sie mich ja nach Hause zurück. Ach, wenn ich doch nur wieder in Spanien sein könnte, ich würde sogar voller Begeisterung den Unterricht von der Coseno besuchen. Ich würde mich sogar freiwillig an die Tafel melden. Da siehst Du es! Ich bin schon völlig übergeschnappt. Schreib mir doch bitte einen langen Brief.

Viele Grüße,

Maria

10

ie Haube! Ich habe gewonnen!« schrie ich, während ich eine rote Duschhaube mit weißen Streifen ausschüttelte.

Duschhauben, Zitronen, Seifenstückchen, Regenschirme, Aktentaschen, Empanadas, Spaghettisiebe, Stühle, Popcorn, Zeitungen, Koffer, Äpfel, Sonnenbrillen, Kopfschmerztabletten, Uhren, Brotkörbchen, Fingernagelbürsten... All das konnte man an den Straßenständen im Zentrum von La Paz sehen in der kurzen Zeit, die ich brauche, dies aufzuzählen. In dieser Stadt schien jeder etwas zu verkaufen.

Unser Spiel bestand darin, ungewöhnliche Dinge an den Ständen während unseres Stadtbummels zu suchen. Einer von uns sagte zum Beispiel »Ein Schellenkranz!« oder »Ein Vorhängeschloß!« oder »Eine Duschhaube!« Und es gewann der, der die Sache als erster an einem Stand entdeckte. Natürlich gewann ich immer dann, je schwieriger es wurde, die Sache ausfindig zu machen, da sich Tijeras viel zu schnell ablenken ließ. Er konnte kein Spiel ernst nehmen.

Ich habe mir beim Auswählen der Duschhaube Zeit gelassen. Schließlich nahm ich eine weiße mit roten Herzen. Das war auch Teil des Spiels. Derjenige, der gewonnen hatte, durfte sich das »nutzlose Ding« kaufen. Ich könnte schwören, daß Vater diese Regel erfunden hatte, da es ihm in der Seele wehtat, daß hier alle etwas zu verkaufen versuchten und keiner etwas kaufen wollte.

Vater setzte sich meine Duschhaube auf und mimte den Deppen. Ich bog mich vor Lachen. Ich krümmte mich so sehr, daß ich meinen Ellbogen aus Versehen in den Magen eines älteren Herrn mit Hut stieß, der gerade an mir vorbei ging.

»Oh..., Entschuldigung.«

»Nichts passiert, meine Liebe«, sagte er sehr höflich und hielt einen Moment lang an.

Als er stoppte, stieß ein Indio, der es sehr eilig hatte und nicht mehr bremsen konnte, mit ihm zusammen.

»Zur Seite, Atahualpa!« schrie der Alte voller Abscheu. Der Indio versteckte seinen Kopf zwischen den Schultern und setzte seinen Weg fort.

»Dafür, daß er ihn kennt, hat er ihn aber sehr schlecht behandelt«, meinte ich zu Vater.

»Ich denke nicht, daß er ihn kennt«, antwortete er.

»Hat er ihn nicht bei seinem Namen genannt?«

»Nein. Das hat er nicht. Er hat sich über ihn lustig gemacht. Er hat ihn *Atahualpa* genannt. Atahualpa war der letzte Inkakönig.«

Bei dem Wort *Inka* fühlte ich eine große Leere in meinem Kopf, die ich nur teilweise mit Hilfe der Erinnerung an einen Comic, den ich in Spanien gelesen hatte, füllen konnte: TIM UND STRUPPI IM REICH DER SONNE oder so ähnlich. Ich blickte zumindest so, als wüßte ich, worüber er redete. Ich finde es überhaupt nicht toll, wenn Vater merkt, daß ich mit großer Ignoranz gestraft bin.

Offensichtlich konnte ich ihm aber nichts vormachen, denn er setzte sogleich zu einem seiner ausgedehnten Diskurse an:

»Die Inkas waren gewissermaßen die Väter der heutigen Indios. Sie gehörten zur Rasse der Quechuas. Sie gründeten ein Reich, das Perú, Bolivien, Ecuador und Teile von Chile und Argentinien umfaßte. Dann kamen die Spanier mit Pizarro an der Spitze, und«, Vater zeigte mit dem Daumen nach unten, »Pizarro nahm den Inkakönig Atahualpa mit Hinterlist gefangen. Er forderte als Lösegeld ein ganzes Zimmer voll Gold und Edelsteine. Und als er das Lösegeld hatte, dachte er sich, daß es besser wäre, Atahualpa um die Ecke zu bringen und sich somit aller Schwierigkeiten zu entledigen. Mit dem Tod Atahualpas ging das Inkareich unter, und die Quechuas tauschten ihren Platz als Beherrscher mit der Stelle der Unterworfenen. Die Conquistadoren zwangen alle Indiovölker, für sie als Leibeigene auf den Feldern und in den Minen zu arbeiten. Sie nahmen den Reichtum von hier nach Europa mit und schleppten von dort Krankheiten ein, die es hier nicht gab und eine Unmenge an Opfern zur Folge hatten...«

Zum ersten Mal hörte ich einer der Ausführungen von Vater mit Interesse zu. Und so aufmerksam, wie ich meinen Blick auf Vater richtete, hätte ich fast den Stand eines Indios umgerannt, der Wundersalben verkaufte. Ich hatte eindeutig meinen schusseligen Tag.

»Oh! Entschuldigen Sie, mein Herr..., Herr Inka!«

Vater zog mich rasch weg.

»Er wird glauben, daß du dich lustig über ihn machst...«, er drehte sich um, um den Verkäufer anzuschauen. »Obwohl, wenn man ihn genau betrachtet, ist er vielleicht tatsächlich ein echter Nachfahre der Inka. Stell ihn dir reich geschmückt mit Edelsteinen und Federn auf dem Kopf vor...«

Der »Herr Inka« bot weiterhin seine Waren auf der Straße feil:

»Cocabalsam! Gegen Arthritis und Gicht...«

Ich hatte Schwierigkeiten, ihn mir als Inka, als König vorzustellen.

»So läuft die Geschichte, Maria. Der, der herrscht, wird später beherrscht. Die Inkas unterdrückten andere amerikanische Völker, wie z.B. die Aymara, und dann kamen die Spanier und haben Brei aus ihnen gemacht. Die Römer beherrschten die Griechen und anschließend die Barbaren die Römer... Aber die Indianervölker verlieren nicht die Hoffnung, denn sie wissen, daß der *Pachakuti* kommen wird.«

Dieses Mal versuchte ich nicht mal mehr im Ansatz wissend dreinzublicken.

»Nach dem Glauben der Indios«, fuhr Vater fort, »wird die Welt nach einer gewissen Zeit komplett umgedreht, und alles steht Kopf. Das ist der Pachakuti. Als die Spanier kamen, war es für sie ein Pachakuti, und sie wurden von oben nach unten durchgereicht. Beim nächsten Mal würden sie wieder oben sein, und ihre Unterdrücker würden dann von ihnen beherrscht. Sie wissen, daß der Pachakuti kommen wird, auch wenn sie nichts direkt dafür tun.«

»Und wann wird es den nächsten Pachakuti geben?«

»Oh je, wer weiß das schon!« lachte Vater vielsagend, »das kann jeden Moment passieren.«

Beim Einschlafen an diesem Abend, als meine Gedanken anfingen abzuschweifen, um sich zu verselbständigen, sah ich den alten Atahualpa mit seinen Salben vor mir, von Kopf bis Fuß mit Edelsteinen und Federn geschmückt, in einem Toyota-Geländewagen herumkutschieren. Ich sah den

Alten mit dem Hut, wie er Wundersalben an einer Straßenecke verkaufte. Ich sah einen blonden Gringo die Schuhe von Casilda putzen. Ich sah uns, meinen Vater und mich, unsere zerlumpten Hüte einer Cholita im Pelzmantel hinstrecken, um ein Almosen zu erflehen: »Gib mir was, gib mir was für ein Stückchen Brot...«. Dann spürte ich, daß ich den Boden unter den Füßen verlor und in ein tiefes Loch fiel. Der Pachakuti war gekommen! Es lief mir eiskalt den Rücken herunter. Das war nicht der Pachakuti, nur der Schreck, der uns hochfahren läßt, wenn wir kurz vor dem Einschlafen sind.

Beim Frühstück erzählte ich Vater meine Version des Pachakuti.

»Ich denke nicht, daß die Indios den Pachakuti in dieser Form erwarten«, sagte er. »Ich glaube eher, daß sie eine Rückführung in die Zeit ihrer Vorfahren erwarten, als sie in Frieden lebten, ihre Götter verehrten, in Gemeinschaftsarbeit die Felder bestellten, Essen und Kleidung für alle zur Genüge hatten und keine Umweltverschmutzung, keine Geldsorgen und keine Hast kannten.«

Vater verstummte, spielte mit dem Teelöffel herum und verzog die Augenbrauen.

»Was erzähle ich denn! Man kann die Geschichte nicht zurückdrehen. Ich bin mir sicher, die Schuhputzer würden Englisch und Informatik lernen, wenn sie nur könnten, die Cholitas ließen sich

Dauerwellen machen, ihre Ehemänner würden Whisky trinken und Versicherungen verkaufen, und die Bauern würden Videos verleihen und...«

Plasch! Ein Häufchen Marmelade tropfte vom Löffel auf Vaters Hose und unterbrach seine Rede.

»Scheiße!« brummte er in sich hinein.

Und er verschwand schnellen Schritts im Badezimmer. Ich weiß nicht, was ihn mehr ärgerte, der Marmeladenfleck oder die Möglichkeit, daß dies die geheimen Vorstellungen der Indios sein könnten, wenn der Pachakuti kommen sollte.

11

Mit dem Fahrstuhl unseres Hauses fuhr man nicht so einfach nur nach oben oder nach unten. Nein, man begab sich auf eine Reise. Das Gebäude war so hoch und der Fahrstuhl so langsam, daß eine Fahrt einer Weltreise glich.

Unseren Fahrstuhl betrat man auch nicht einfach so, wie man gerade Lust hatte. Zuerst bestiegen ihn die Damen, dann die Herren und erst zum Schluß die Hausangestellten, die Cholitas, bepackt mit Paketen, Kindern und Rassehunden.

Im Aufzug blickten die Dienstmädchen starr auf den Boden, und ich glaube, einige wagten es während der ganzen Fahrt nicht einmal zu atmen.

Die übrigen Fahrgäste versuchten sich aus dem Augenwinkel heraus auszuspionieren, sofern sie sich nicht kannten. Ich glaube, die Kunst bestand darin, den anderen zu beobachten, ohne selbst betrachtet zu werden, denn wenn sich ihre Blicke kreuzten, richteten sie schnell ihre Krawatte oder entfernten rasch ein Fusselchen von ihrem Rock.

Wenn sich die Fahrgäste schon ein wenig kannten, sprachen sie über das Wetter, das meist behandelte Thema in den Aufzügen dieser Welt.

»Ein unglaubliches Gewitter heute, oder?«

»Wahrlich heftig.«

Das Schlechte an diesen langen Fahrten ist, daß man zu viel Zeit hat, um über das Wetter zu sprechen, und so muß man es ewig ausschlachten, um nicht in eine peinliche Sprachlosigkeit zu verfallen.

»Früher hatten wir im Oktober nie derartige Gewitter.«

»Ja, das nennt man wohl Klimawandel.«

»Das hat bestimmt mit der Ozonschicht zu tun.«

Bla, bla, bla...

An diesem Morgen hatte ich die Dame aus dem zwölften Stock als Reisebegleiterin, bei Vater und mir besser als »der Papagei aus dem Zwölften« bekannt. Der Papagei verstand es ausgezeichnet, über das Wetter zu reden. Und über jegliches weitere Thema ebenso. Wenn sie im Fahrstuhl war, kam nie unangenehme Stille auf. Sie balancierte auf extrem hohen Stöckelschuhen und hatte ihre Lippen mit einem so grellen Rot angemalt, daß es schon in den Augen wehtat.

Es gefiel ihr, mich auszufragen, ob mein Vater dieser stattliche Spanier sei, wo denn meine Mutter sei... und solches Zeug. Und ich war ein zu gut erzogenes Mädchen, um ihr zu zeigen, daß sie mir den Buckel runterrutschen konnte.

Da diesen Morgen glücklicherweise noch eine weitere Nachbarin auf den Fahrstuhl wartete, widmete sich der Papagei mir nur wenig.

Da war auch noch ein Dienstmädchen, das gerade vom Gassigehen mit einem sehr schlecht erzogenen Pekinesen zurückkam, der die Cholita geradewegs in den Fahrstuhl zerrte, ohne den Damen den Vortritt zu lassen.

Zwischen Erdgeschoß und achtem Stock sprachen die beiden Damen über »die Unmengen, die es heute geregnet hat.«

Im achten stieg der Pekinese, die Cholita hinter sich herziehend, aus.

Sobald sich die Tür hinter ihnen geschlossen hatte, verfiel der Papagei in ein heftiges Gezeter:

»Hast du diese Unverfrorenheit gesehen! Ist die doch zuerst eingestiegen! Hat einfach keinen Respekt vor uns Damen.«

»Das ist die Angestellte von Doris«, erklärte die andere Dame. »Ich werde ihr davon berichten, damit sie sie zurechtweisen kann. Und hast du gerochen, wie die stank?«

»Uff!« der Papagei wedelte sich Frischluft in die Nasenlöcher. »Die Cholas sind von Natur aus schmutzig. Sie sind irgendwie wie kleine Tiere. Man muß sie regelrecht erziehen. Mein Dienstmädchen habe ich dazu angehalten, seine Zöpfe abzuschneiden und normale Kleidung anzuziehen. Ich konnte diese unsäglichen Polleras nicht mehr sehen!«

»Lieber habe ich sie schmutzig, als daß sie klauen. Ich hatte eine mit langen Fingern...«

»Ach, hör auf... Alle klauen sie wie die Raben, das weiß man doch...«

Die Tür öffnete sich im zwölften Stock.

»Also gut, Gladys, laß es dir gut gehen, grüß deinen Mann von mir.«

»Ebenfalls. Adiós, Fufita.«

»Wiedersehen, Kleine.« Das war für mich gedacht. »Grüß deinen Vater von mir.«

»Was bildest du dir eigentlich ein, du Tratschtante. Und du schimpfst dich eine feine Dame? Statt den Leuten die Zöpfe abzuschneiden, solltest du dir deine Zunge abbeißen, du falsche Schlange. Alte Hexe!«

So sprach ich – zumindest im Stillen. Als mir Casilda die Wohnungstür öffnete, schwirrten mir die Beleidigungen der beiden Damen immer noch im Kopf herum: wie Tiere, schmutzig, klauen nur... Plötzlich blieb ich stehen, blickte Casilda an, und es schnürte mir die Kehle ab. Wer hatte gesagt, daß Casilda stinkt? Wer hatte sie das »Mäuschen« getauft? Wer hatte sie verdächtigt, als die Silberohrringe verloren gingen?

»Sch'nen Tag, Fr'lein«, murmelte Casilda auf den Boden starrend.

»G'ten Tag, Casilda«, murmelte ich noch leiser mit weit mehr gesenktem Kopf und verschwand sofort in meinem Zimmer.

12

Du lieber Gott; ich war doch etwa nicht wie der Papagei aus dem Zwölften? Und außerdem hatte ich verdammt noch mal die Nase voll davon, meine Vormittage damit zu verbringen, mit niemandem zu reden. Ich mußte so schnell wie möglich mit der »Operation Kücheneroberung« beginnen. Entschlossen ging ich den Flur entlang, stieß die Tür zur Küche auf und ließ einen Kriegsschrei los:

»Also..., Casilda...« murmelte ich.

Casilda, die gerade mit tränenden Augen eine Zwiebel kleinschnitt, erschrak wie immer, wenn sie mich sah. Ja! Ich hatte den Feind überrascht, somit hatte ich die Schlacht schon halb gewonnen.

»Casilda... Ich wollte dir sagen...«

Was denn? Daß ich mich schämte? Und wie sollte ich ihr denn bitte erklären, daß ich mich schämte?

»Also... äh... Was hälst du davon, wenn wir heute statt Suppe eine Kartoffeltortilla machen?«

»Wie du wünschst, mein Fräulein«, sprach Casilda leise vor sich hin.

»Weißt du, wie man eine macht?«

Casilda senkte ihren Kopf, als wäre es eine Sünde, nicht zu wissen, wie man eine Tortilla macht.

»Oh je, nein, das weiß ich nicht, mein Fräulein.«

»Soll ich es dir zeigen?«

»Ja, gerne, mein Fräulein.« Casilda blickte mich mit strahlenden Augen an, und jetzt bemerkte ich, daß sie mich zum ersten Mal wirklich beim Sprechen ansah.

Es ist schwierig, jemandem zu zeigen, wie man eine Tortilla macht, wenn man selbst noch nie eine gemacht hat. Natürlich durfte Casilda das nicht wissen. Meine Ehre stand auf dem Spiel! Bald jedoch blieb mein Stolz zusammen mit den Eiern und den Kartoffeln auf dem Pfannenboden kleben. Dabei sah es doch so einfach aus, als ich Tante Leonor zugeschaut hatte!

Aus dem Augenwinkel heraus beobachtete ich Casilda, ob sie vielleicht über mich schmunzeln würde. Weit gefehlt! Ihre Augen lachten vor Freude. Sie schien begeistert davon zu sein, zusammen mit mir zu kochen. Alles interessierte sie, es machte ihr richtig Spaß.

»Das sind ja Erdäpfel!« lachte sie erleichtert, als sie feststellte, daß diese geheimnisvollen »Kartoffeln«, von denen ich gesprochen hatte, stinknorma-le Erdäpfel waren, wie man sie in Bolivien nennt.

»Ja, mal sehen! Wie wird's geworden sein?« säuselte sie, ohne zu atmen, während ich die Tortil-la in der Pfanne wendete.

Glücklicherweise habe ich die andere Seite der Tortilla fast ansehnlich hinbekommen. Das stellte sogar Vater fest, als er zu Tisch kam.

»Tortilla!« sagte er überrascht.

»Die hat das Fräulein gemacht«, stellte Casilda richtig.

Und das Fräulein schaute, als sei das doch nicht der Rede wert, so, als mache sie jeden zweiten Tag Tortilla.

Die Operation Kücheneroberung war ein Kin-derspiel. Heute war es Tortilla. Am nächsten Tag ging ich hin, um mir einen Tee zu machen, obwohl mir Tee eigentlich gar nicht schmeckt. Am darauf folgenden Tag wollte ich lernen, wie man *Sajita,* ein feuerscharfes bolivianisches Gericht mit Hühnchen, macht, und schließlich hielten wir jeden Morgen unseren Küchenplausch, unser Gespräch unter Backfischen.

Anfänglich hatte ich Probleme, sie zu verste-hen. Sie sprach sehr leise und setzte die Wörter im Satz sehr ungewohnt für mich aneinander, nämlich so wie in ihrer Sprache, dem Aymara.

69

Endlich hörte das Fräulein auf, sich in sein Zimmer einzuschließen, und kam jeden Morgen zur Küche. Sie hätte was verloren, sagte sie. Am Anfang habe ich sie verstanden nicht gut, wenn sie gesprochen hat, und ich hatte Angst, denn sie schrie fast, so als wäre sie auf mich böse. Aber dann merkte ich, daß sie böse auf mich nicht war. Es ist nur, daß die Gringos einfach so reden, halt. Außerdem sprach sie ein paar Wörter so aus, als hätte den Mund voll sie, das war lustig, ihr zuzuhören.

Die Bolivianer sprechen das Z wie ein S aus. Wenn ich etwas mit einem Z sagte, hielt Casilda ihre Hand vor den Mund und lachte leise. Eines Tages fragte sie mich:

»Warum können die Spanier eigentlich *sábana* sagen, *sapato* aber nicht?«

Ich verbrachte eine ganze Weile damit, ihr zu erklären, daß wir absolut richtig damit lagen, das Z als eine Art englisches *th* auszusprechen und *zapato* statt *sapato* zu sagen.

»Hast Du das jetzt verstanden?«

»Ja«, stimmte sie mit verneinendem Blick zu.

Aber man muß dazu sagen, daß Casilda niemals »nein« sagte und mir auch niemals widersprach. Wenn ich ihr etwas auftrug, was sie partout nicht machen wollte, sagte sie einfach »*ahorita*«.

Vater mußte immer darüber lachen.

»Das nennt man passiven Widerstand. Die Indios wurden viele Jahre lang unterdrückt.« – Oh je, jetzt sind wir wieder bei seiner Indianerproblematik angelangt. »Die, die sich auflehnten, wurden vernichtet. Somit entschieden sie sich für den passiven Widerstand. Sie machten den Eindruck, unterwürfig und gehorsam zu sein, und fraßen Wut und Widerspruch in sich hinein. Heute sind die Indios immer noch unterdrückt, und schließlich bedienen sie sich immer noch der gleichen Taktik. Sie sagen zu allem ja, und dann machen sie doch, was sie für richtig halten. Sie blicken den Mächtigen mit guter Miene an, obwohl sie ihn in Wirklichkeit verachten.«

Ich war ganz schön baff bei den Worten meines Vaters. Ich war eine Weiße. War ich denn die Mächtige? Sollte das bedeuten, daß, wenn Casilda mich anlächelte..., sie mich in Wahrheit haßte? Daß der alte Aymara, der uns morgens die Zeitung brachte, uns eigentlich am liebsten ins Gesicht gespuckt hätte? Die folgende Woche war ganz schön anstrengend, denn ich verbrachte sie damit, die Wahrheit aus jedem Indianergesicht herauszulesen. So blieb ich etwa mit blödem Gesicht und offenem Mund vor einer Obstverkäuferin stehen. Oder ich vergaß, aus dem Taxi auszusteigen, weil ich immer noch den Fahrer anstarrte.

Vater stieß mir in die Rippen.

»Was ist denn los? Klettern dem guten Mann vielleicht gerade Affen über die Nase?«

Aber eigentlich konnte ich nichts Außergewöhnliches in ihren Gesichtern entdecken: keine Affen, keinen Verdruß, keinen Groll, keine Wut... nicht einmal ein Fünkchen Haß. Es waren alles eher freundliche Gesichter, aus denen man vielleicht Resignation und Müdigkeit herauslesen konnte. Aber es war schon eine recht unangenehme Vorstellung, damit leben zu müssen, daß mehr als die Hälfte der Bevölkerung mich hassen sollte, und so verbannte ich das Thema des passiven Widerstands aus meinen Gedanken. Bei mir im Kopf gibt es einen bestimmten Ort, an dem ich alles Lästige und Unangenehme verwahre. Ich nenne ihn meine Rumpelkammer.

13

Jeden Montagmorgen betrat Casilda gebückt unter der Last ihres Aguayos die Wohnung. Sie brachte in diesem bunten Tuch unser Essen für die ganze Woche. Verdammt noch mal, wie tierisch schwer dieser Aguayo war! Ich habe einmal versucht, ihn anzuheben, und es kam mir dabei vor, als würde ich die ganze Weltkugel auf dem Rücken tragen!

Casilda lud den Aguayo in der Küche ab und breitete ihn auf dem Boden aus.

»Mal schauen, ob es gut ist, was ich da mitgebracht habe, Mamita... Ein Pfund *Choclo*, zwei *Paltas*, ein Viertel *Maní*, ein Pfund *Yuca*, *Zapallo* und *Chuño* für das Süppchen...«

Bei diesen Namen lief mir richtig das Wasser im Munde zusammen. Selbst das Gemüse, das ich bereits kannte, erschien mir anders und total exotisch, wenn Casilda es mit diesen Ausdrücken benannte. Dabei vergaß ich gänzlich, daß *Choclo* nichts anders als Mais war; *Mani*, Erdnüsse; *Zapallo*,

Kürbis, und *Chuño*, eine verhutzelte, ausgetrockne-
te, schwarze Kartoffel, die, mit Verlaub, wie Ziegen-
kacke aussah.

Deshalb wollte ich eines Montags dort hingehen, wo all dies herkam.

»Darf ich mit dir auf den Markt gehen, Casilda?«

»Na dann los, gehen wir, mein Fräulein!« rief
Casilda.

Ich glaube, sie hätte sich auch nicht mehr ge-
freut, wenn ich sie ins Kino eingeladen hätte.

Bis zu diesem Tag hatte ich mich nicht getraut,
alleine in ein öffentliches Verkehrsmittel einzustei-
gen. Alles, was mit Verkehr zu tun hatte, kam mir
eher unheimlich, kompliziert und ja sogar gefähr-
lich vor.

Schaut her: 1. Wie soll es einem gelingen, die
Straße zu überqueren, wenn es keine Ampeln gibt?
2. Wo sind eigentlich die Haltestellen der Busse und
dieser Kleintransporter, die man *Trufi* nennt? 3. Was
schreien bloß die Jungs, die ihre Köpfe aus den Fen-
stern der Trufis stecken? 4. Wie kommt es nur, daß
plötzlich jemand das Taxi besteigt, in dem bereits
ich mit Vater sitze? 5. Warum hupen nur alle ständig ohne Unterlaß?

Als ich mit Casilda auf die Straße trat, mußte
ich feststellen, daß sie zaubern konnte. Sie hatte dieses Chaos fest im Griff. Sie übte eine magische Kraft

auf die Autos aus, die kurz vor ihrer Pollera zum Stehen kamen, währen sie, ohne zu schauen, die Straße überquerte. Mit einem kurzen Fingerzeig hielt sie einen Trufi an. Nach einer ausgedehnten Fahrt sagte sie nur »an der Ecke aussteigen«. Der Kleinbus legte eine Vollbremsung hin, Casilda und ich stiegen aus, und die Hüte all der mitreisenden Cholitas wirbelten durch die Luft. Wir befanden uns in der Gegend des Marktes: alle Straßen waren voller auf dem Boden sitzender Cholas mit vor sich zum Verkauf ausgebreiteten Waren. Es war zu viel, um alles wahrnehmen zu können. Zitronen, die zu einer dem Einsturz nahen Pyramide aufgeschichtet waren. Kräuter und Gewürze in allen Farben in großen Säcken, in die man am liebsten seine Hände eingetaucht hätte. Hufe und Innereien vom Schaf lagen in der Sonne, diese silbernen Fische, die sie *Ispis* nennen, geteilte Wassermelonen lachten der Sonne entgegen, Ananas, Mangos, Cocablätter, riesige Kürbisse. Und vor allem: Kartoffeln. Was für eine Vielzahl an verschiedenen Kartoffelsorten! Es

Auflösung: 1.) Irgendwie probieren. 2.) Welche Haltestellen? Jeder steig ein und aus, wo es ihm gerade paßt. 3.) Sie rufen die Strekke aus, die der Trufi entlangfährt, z.B.: Orahecalacotosami- guecotaco- tachasipampaaaa, was bedeutet, daß der Trufi über Obrajes, Calco- to, San Miguel, Cota Cota und Chasquipampa fährt. 4.)Jedes Taxi nimmt dich mit, auch wenn es schon besetzt ist, wenn dein Fahrziel mehr oder minder auf seinem Weg liegt. 5.)Wer weiß das schon?

gab eine ganze Straße, in der nur Kartoffeln verkauft wurden. Nichts als Kartoffeln, so meine vereinfachte Sichtweise einer völlig unwissenden *Gringa*, so wie wenn jemand behauptet, alle Chinesen würden gleich aussehen. Nicht alle Chinesen sehen gleich aus, und die verschiedenen Kartoffelsorten – mehr als 200 gibt es – sind untereinander noch unterschiedlicher, als die Chinesen wie mir Casilda sogleich klarmachte.

»Diesen klitzekleinen, schwarzen Erdapfel kennst du schon. Das ist ein Chuño«, erklärte sie mir. »Jener, wie ein kleiner, weißer Kieselstein heißt *Tunta*. Schau mal, Fräulein! Die haben sogar *Pureja*! Davon müssen wir welche mitnehmen. Der ist gut für gekochte Erdäpfel. Mehlig und geschmackvoll. Und der? Das ist *Imilla*. Und der, der daneben liegt, nennen wir in Aymara »Katzenpfote«, der Form wegen. Und das sieh an doch! Das ist kein Erdapfel. Das ist *Camote*. Ein Süß-Erdapfel...«

Casilda fuhr fort, mir all ihre Freundinnen, die verschiedenen Kartoffelsorten, mit ihren Vor- und Zunamen vorzustellen. Ich bekam wegen dieser überwältigenden Kartoffelkultur meinen Mund vor Staunen nicht mehr zu. Gleichzeitig bewunderte ich, mit welcher Leichtigkeit sie sich zwischen den Ständen bewegte, wie eine perfekte Haufrau.

»Was kostet heute deine Yuca, Frauchen?« fragte sie eine Verkäuferin. »Na, ja! Für fünfzig Centavos hätte ich sie schon dort vorne kaufen können.«

»Schau doch, diese Yuca hier ist doch viel gesünder. Und dieses Stückchen lege ich dir noch dazu.«

»Na ja, einverstanden!«

Die Yuca wurde in Casildas Aguayo verstaut, und ein paar Schritte weiter hielten wir am nächsten Stand.

»Wie teuer sind deine Ispis, meine Liebe?«

»Zwei Pesos das Pfund.«

»Was denn? Deine Fische sind wie immer wohl aus Silber?«

»Du freche Göre!?« Die Verkäuferin lachte und ließ Casilda einen halben Peso nach.

Und so füllte sich der Aguayo. Casilda und die Verkäuferinnen handelten lebhaft, diskutierten, scherzten und protestierten heftig, manchmal auf Aymara, manchmal auf Spanisch.

Viele der Marktfrauen wirkten wie alte Bäume auf mich. Sie saßen da auf dem Boden unter ihren Polleras und Tüchern, ohne einen Wimpernschlag. Sie warteten stoisch, bis ihnen jemand etwas abkaufte: zehn Fischlein, ein Dutzend Zitronen, eine Handvoll Mohrrüben. Vielleicht warteten sie ja schon ihr ganzes Leben lang.

Plötzlich erhob sich einer dieser Bäume unter großen Mühen, so als stünde er zum ersten Mal im Leben auf. Sie ging zur nächsten Ecke, winkelte ein wenig die Beine an... und ein kleiner Bach floß die

Straße hinunter, so daß Casilda und ich plötzlich an gegenüberliegenden Ufern standen.

»Das darf doch nicht wahr sein!« sagte ich. »Die pinkelt doch tatsächlich hier in die Ecke.«

Casilda pflichtet mir bei, wunderte sich jedoch über mein erstauntes Gesicht.

Und von einer Überraschung in die nächste stürzend merkte ich plötzlich ein Ziehen an meinem Rucksack und sah eine kleine Hand aus ihm herauskommen, die fest umschlungen meinen Geldbeutel hielt.

»Also!... Aber!... Äh!...« – ich war so vor den Kopf gestoßen, daß ich kein Wort heraubekam.

»*Yokalla*! Dieb! Komm sofort zurück!« schrie Casilda.

Aber mein Geldbeutel, die Hand und der Besitzer der Hand, ein kleiner, vielleicht acht Jahre alter rotznäsiger Bengel, machten sich im Gewirr aus Marktständen und Menschen aus dem Staub. Und mit ihnen verschwand an diesem Morgen auch meine gute Laune.

»Wieviel Geld hattest du dabei?« fragte Vater.

»Ich weiß nicht... Wenig... Vielleicht zwanzig Pesos.«

»Na ja. Dann wars ja nicht so schlimm.«

»Was soll denn das heißen? Ich hatte meinen Glücksfahrschein dabei, und eine Feder von Isido-

78

ro, einen von einem Zug platt gedrückten Gro-
schen, ein Foto von Mama, eins von Bea und eins
von...« – hier brach ich abrupt ab und wurde rot: lieber wollte ich sterben, als zu sagen, daß ich auch
eines von Du-weißt-schon-von-wem dabei hatte.

Tijeras lachte aus vollem Herzen:»Da hast du ja
im Handumdrehen all deine Reliquien verloren.«

Ich war stinksauer. Tijeras hatte keine Ahnung.
Er war völlig gefühllos!

»Ich finde das überhaupt nicht lustig. Erst
werde ich beklaut, und dann lachst du auch noch
darüber. Die hätten mich ja auch abstechen können... In diesem Land kann man ja alles erwarten...
so... so... unterentwickelt wie hier alles ist.«

»Hey, hey, aufgepaßt, meine Liebe! Reiß dich
mal zusammen und übertreib nicht so! In Madrid
stehen die Langfinger auch an allen Ecken. Mit
dem kleinen Unterschied, daß du in Madrid keine
Gringa bist und hier aber schon. Alle Ganoven der
Welt wissen, daß es immer besser ist, einen Gringo
zu bestehlen, weil er abgelenkt ist, unaufmerksam
herumläuft und normalerweise Geld mit sich
führt.«

»Aber es war ein Kind! Ein Dreikäsehoch!«

»Sicherlich ein Straßenkind! Die gibt es hier
zuhauf. Ihre Eltern setzen sie aus, weil sie sie nicht
ernähren können, oder sie selbst hauen von zu
Hause ab. Irgendwie müssen sie sich ja ihren
Lebensunterhalt verdienen.«

»Aha! Dann findest du es also auch noch toll, daß der mich beklaut hat! Ich sollte ihn vielleicht noch um Verzeihung bitten, daß ich nur zwanzig Pesos dabei hatte. Oder?«

»Nein! Das meine ich nicht, Maria. Ich möchte ihn bei Leibe nicht rechtfertigen, aber es ist irgendwie alles so kompliziert. Versuch dich mal in seine Lage zu versetzen. Würdest du nicht auch stehlen, um etwas zu essen zu bekommen?«

»Nein!« brummte ich ohne nachzudenken vor mich hin. »Oder... Vielleicht doch... Ach, laß mich in Ruhe! Ich weiß nicht.«

An jenem Abend schrieb ich Bea einen Brief:

Liebe Bea,

in diesem Land hier blicke ich überhaupt nicht durch. In Spanien siehst du einen armen Teufel, gehst an ihm vorbei und schon hast du ihn vergessen. Hier siehst du einen, gehst an ihm vorbei, und schon kommt der nächste und der nächste usw. ...

Wie kannst du ihn dann vergessen? Und du kriegst Mitleid, und im selben Moment wirst du auch ein bißchen sauer, denn sie sind wie die Kletten. Sie sind einfach da, als wollten sie dir ein schlechtes Gewissen einreden, weil du mehr Geld hast als sie.

Und dann gibt's die, die nichts haben und statt zu betteln dich einfach beklauen. Und eigentlich weißt du gar nicht, ob du das gut oder schlecht finden sollst. Und du ärgerst dich noch mehr über sie als über die Bettler, denn wenn man dich bestiehlt, fühlst du dich total beschenkt. Und was will der überhaupt mit dem Foto von Du-weißt-schon-von-wem.

Und dann stellt sich auch noch heraus, daß die Bescheidenen gar nicht bescheiden sind und daß die, die dich nach außen hin immer so anlächeln, das nach innen gar nicht tun. Denn alle warten nur darauf, daß die Welt sich um 180 Grad dreht und Leute wie wir ab sofort unten sind.

Also ehrlich... Nicht mal Tijeras, der sonst immer alles zu wissen scheint, blickt hier noch durch. Wenn ich ihn um eine Antwort bitte, fängt nur noch an zu stottern. Da sagt er einmal, daß man die Bettelei nicht noch durch Almosen unterstützen soll, sondern vielmehr das System verändern müßte. Er erklärt aber nie, wie man sich von diesem Systemwechsel ernähren kann. Ich glaube langsam, daß er das selbst nicht weiß. Und zu alle dem wirft er gestern einem Bettler auch noch ein Geldstück hin...

Die Rumpelkammer in meinem Kopf quillt langsam vor solchen Geschichten über. Ich krieg die bald nicht mehr bei mir unter, und dann habe ich ein Riesenproblem, ähnlich wie das mit den Nuklearabfällen, von dem Vater ständig erzählt.

Viele Grüße

Maria

14

I ch wollte dich um einen Gefallen bitten,
meine Liebe...«

Casilda senkte ihren Kopf und wußte nicht
wohin mit ihren Händen.

»Ob du vielleicht mit deinem Vater reden
kannst, damit er mir einen Vorschuß gibt... Nächste
Woche ist Totengedenktag, und bei meiner Tante
zu Hause reicht das Geld nicht ...«

Es gab immer noch Situationen, in denen ich
das Gefühl hatte, daß Casilda und ich verschiedene
Sprachen redeten.

»Wofür reicht euch das Geld nicht? Was hat das
mit dem Totengedenktag zu tun?«

»Vor anderthalb Jahren starb mein kleinster
Cousin. Am kommenden Mittwoch ist Allerseelen.
Wir müssen einen Altar für ihn herrichten und für
ihn beten.«

Ich verstand kein Wort.

»An Allerseelen kehren die *Ajayus* nach Hause
zurück«, erklärte Casilda.

»Wer?«

»Die Ajayus, die Seelen der Toten. Sie finden immer am ersten November mittags den Weg nach Hause und verlassen es am nächsten Tag wieder, zumindest die ersten drei Jahre nach ihrem Tod. Danach kommen sie nie wieder. Aber in diesen ersten drei Jahren muß die Familie sie gastfreundlich empfangen, ihnen ihre Leibspeisen und Lieblingsgetränke vorsetzen und dafür sorgen, daß die *Resiris* für sie beten... Und eben genau dafür brauche ich das Geld...«

Vater fand es toll, daß der Geist von Casildas Cousin für ein paar Tage nach Hause kam, um mit seiner Familie zu feiern. Am selben Nachmittag kaufte er sich sofort ein Buch über ALLERSEELEN IN BOLIVIEN und gab Casilda den Vorschuß und auch noch ein bißchen mehr, damit der arme Geist auf gar keinen Fall Hunger zu leiden habe.

Casilda verstaute freudig die Geldscheine an einem geheimen Ort zwischen ihren Kleidern, wobei sie gleich Pläne für das Fest machte:

»Es muß von allem geben! Ich muß Mehl kaufen um *Maicillos* und *Rosquetas* zu machen. Und Brotfiguren, *Tantawawas* wie man hier sagt. Dann noch Milchreis, der hat Omar immer so gut geschmeckt... Und du, mein Fräulein, wirst von allem probieren. An Allerseelen mußt du zu mir nach Hause kommen!«

Wir verließen den Teil von La Paz, den ich schon kannte, nämlich den der asphaltierten Straßen und Hochhäuser. Der Trufi begann, sich mit Kopfstein gepflasterte und von armseligen Häusern gesäumte Straßen hochzuschleppen. Mit dem gleichen Schnaufen schlängelte er sich dann auf einer Art Feldweg weiter nach oben, an dessen Rändern immer ärmere Hütten standen. Mit einem letzten Schnauben stoppte er schließlich am Ende des letzten Anstiegs, entweder weil er nicht mehr konnte oder weil es nichts mehr gab, was einer Straße ähnlich war.

Casilda und ich setzten unseren Weg zu Fuß fort. Wir überquerten eine Müllgrube, in der sich mehrere Schweine suhlten. Wir kamen an einer Gruppe Kinder vorbei, die mit einem Ball aus Stofflappen Fußball spielten. Im Vorübergehen sahen wir eine große braune Pfütze, in der einige Cholitas Wäsche wuschen. Wir durchquerten eine Ansammlung aus Ziegel und Lehm gefertigter Hütten, die jede für sich von einem kleinen Hof umgeben waren, aus denen uns Hunde entgegenkläfften. Und schließlich kamen wir am Haus von Casildas Onkel und Tante an, wo uns Winston, der räudige Köter der Familie bellend empfing.

Es war eine kleine Ziegel- und Lehmkonstruktion mit einer leicht windschiefen Fassade – »mein Onkel war nämlich leicht betrunken, als er diese Wand baute«, erklärte Casilda. Die Fensterrahmen, meist ohne Glas, hingen ebenfalls schief in der Wand, und das Dach bestand aus Blech und Steinen.

»Also, es ist schon ein einfaches Haus«, sagte Casilda leicht beschämt, »aber schau dir nur den Blick an, Fräulein!«

Ich drehte mich um, und dort unten zu meinen Füßen lag La Paz, klein wie ein Spielzeug.

»Dort ganz weit unten ist dein Haus«. Casilda deutet auf ein Gebäude, das im Sonnenlicht glitzerte.

Jetzt erst wurde mir klar, daß wir uns auf einem der Seitenhänge befanden, die man von unserer Wohnung aus sah. Somit war Casildas Haus eines der Lichter unserer Krippe. Wenn es hier überhaupt Strom gab...

»Strom haben wir schon«, sagte Casilda ganz stolz.

»Und zu wie viel wohnt ihr hier?«

Gut geschätzt paßte das ganze Haus gerade mal so in unser Wohnzimmer.

»Mein Onkel und meine Tante, meine vier Vettern, mein Opa und ich.«

Während ich versuchte mir vorzustellen, wie acht Leute in unserem Wohnzimmer leben würden, bat mich Casilda hereinzukommen.

Und das Problem der acht Personen löste sich in nichts auf, als ich sah, daß sich im Haus mindesten fünfzehn Personen befanden, alles Verwandte und Freunde der Familie. Und das, ohne den Toten mitzuzählen, und ich weiß genau, daß er nicht dabei war, denn alle reichten mir ihre Hand, und sie waren alle aus Fleisch und Blut.

Danach war ich doch ein wenig beruhigter.

Beim letzten Händedruck erschien ein ziemlich schmutziger Alter in der Tür.

»Soll ich für ihn beten?« fragte er.

Und da ich nicht blöd bin, wußte ich sofort, daß dies einer der Resiris war, von denen Casilda erzählt hatte, die sich anboten, für die Seele des Verstorbenen zu beten.

Der Alte brabbelte ein Kauderwelsch aus Spanisch, Aymara und Latein in Windeseile vor sich hin, wovon ich am Ende nur das »Amen« verstand. Ich denke, daß dort oben der komplette himmlische Hofstaat von Nöten war, um dieses Gebet richtig einzuordnen.

Der Tante von Casilda schien es offensichtlich gefallen zu haben, denn nach dem Amen lud sie den Resiri auf einen der Teller vom Altar ein.

Kurz darauf kam noch ein Resiri, betete und aß. Dann kam noch einer und betete und aß... Solange bis all die Speisen vom Altar von den Resiris und den Festgästen aufgegessen waren. Dann gingen alle auf einmal nach draußen.

»Auf, komm!« rief Casilda, als sie mich ganz verdattert dastehen sah.

»Wohin?«

»Auf den Friedhof. Bald werden uns die Ajayus verlassen, und wir wollen sie verabschieden.«

Das war vielleicht was auf diesem Friedhof, da rannten mehr Lebendige auf der Erde herum, als es Tote unter ihr gab!

Jede Familie stand um das Grab ihres Verstorbenen herum, schmückte es und aß und trank und betete und sang, und das alles auch noch gleichzeitig.

Der Moment kam immer näher: am Mittag des 2. November, genau 24 Stunden nach ihrer Ankunft, zogen sich die Ajayus wieder in das Reich der Toten zurück. Und alle waren sehr zufrieden dabei. Man merkte, daß die Verstorbenen befriedigt ihren Rückweg antraten, wohl gesättigt von den ganzen Speisen und Getränken. Und noch zufriedener schienen die Lebenden, die all das verspeist und getrunken hatten, was die Toten übrig gelassen hatten. Und es ist ja allgemein bekannt, daß Tote eigentlich keine guten Esser sind.

Es war lustig anzusehen, wie das Bier von einer Hand zur anderen weitergereicht wurde. Und immer dann, wenn jemand ein Glas füllte oder eine neue Flasche geöffnet wurde, wurde der erste Schluck Alkohol auf die Erde geschüttet.

»Für die *Pachamama*!«

»Wer ist Pachamama?« fragte ich Casilda. »Noch eine Verstorbene der Familie?«

Alle lachten.

»Vielleicht hast du damit ja tatsächlich recht, Gringuita«, antwortete der Großvater. »La Pachamama ist eine Verwandte von uns, von dir und von allen. La Pachamama ist unsere Mutter Erde. Sie ernährt uns, solange wir leben, und nimmt uns auf, wenn wir tot sind. Und wir, ihre Kinder, müssen dafür sorgen, daß sie glücklich ist und ihr zu trinken geben. Trink, Pachamama!«

Der Großvater besprengte die Erde, also Pachamama, mit Bier und reichte mir anschließend die Flasche.

»Hier, trink du auch, Mädel.«

Ich war es nicht gewohnt Alkohol zu trinken, und dann auch noch auf einem Friedhof. Das kam mir fast wie eine Sünde vor. Aber in dieser Situation war es nicht angebracht, nein zu sagen.

»Hallo, Prost, *Palomitay*!« Sobald ich eine Flasche aus den Augen verloren hatte, tauchte schon eine neue auf.

»So eine hübsche Gringuita!«

»Blond wie das Bier.«

Ich nahm einen kleinen Schluck und lachte, ohne genau zu wissen warum. Ich fand alles lustig.

Ich fühlte mich wohl. Ich dachte darüber nach, daß es viel logischer war, so mit den Verstorbenen zu feiern, als sie zu beweinen. Mein Kopf kam mir leicht benebelt vor, und die Gesichter der Onkels, Vettern und Großeltern von Casilda rasten eilig an meinem Gesicht vorbei.

»Du wirst dich doch nicht betrinken!« warnte mich meine Vernunft.

Aber die Unvernunft hatte gar keine Zeit zu antworten.

»Prost. Trink, Gringuita«, und irgend ein Verwandter von Casilda reichte mir eine neue Flasche.

Ich kann mich nicht mehr so genau erinnern, und später war es mir auch peinlich, Casilda danach zu fragen, aber ich glaube, ich habe letztendlich sogar ein Stückchen von *Porompompero* gesungen.

Ich werde schon rot, wenn ich nur daran denken muß, aber in jenem Moment fand ich es einfach toll und lustig. Aber ich nehme an, daß es den anderen ähnlich erging, während sie an einem einzigen Tag ihren gesamten Monatslohn essend und trinkend zwischen den Gräbern herumtorkelnd verpraßten.

Der Großvater von Casilda, der kurz zuvor noch so ehrwürdig aussah, gab nun mit schriller Stimme das Ajayu des armen Omar zum Besten:

»Ach du fauler Hund! Bis zu deinem Tod verstandst du es immer wieder, ohne Arbeiten durchzukommen, du Weichling. Jetzt da du die ganze Zeit nur so herumliegst, denke wenigsten an deinen Opa und bete für ihn und natürlich auch für deine Familie, die, nur um dir etwas Gutes zu tun, mehr Geld ausgegeben hat, als ihr zur Verfügung steht...«

»Mein kleiner Omar! Halte deinem Opa dort oben einen Platz frei, denn bald wird er vorbeischauen, um dich zu besuchen«, sagte eine Chola mit ganz runzeligem Gesicht. Und ihre Augen verschwanden zwischen den Falten, die sich beim Lachen bildeten. »Oder noch besser, wirf ihm eine Strickleiter herunter, damit er hochkommen kann, bevor ihn der Schlag des *Anchanchu* in die Hölle befördert, weil er ein solcher Taugnichts ist.«

»Du solltest zur Hölle fahren, India, weil du so indianisch aussiehst«, grunzte der Großvater, der selbst noch indianischer aussah. Danach warfen sie sich nur noch Beschimpfungen in Aymara an den Kopf.

Der Onkel von Casilda, der an sich so ruhig und gutmütig aussah, tobte und schrie währenddessen herum und malträtierte die leeren Flaschen mit Tritten:

»Eines Tages werde ich diesen Blödmann von Chef umbringen! Ich werde meinen eigenen Trufi haben und ihm über seinen fetten Bauch fahren...«

Ein Mann rief einer Frau unflätige Worte zu, wovon ich jedoch nur die Hälfte verstand. Eine andere Frau verfiel in schallendes Gelächter über etwas, was nur sie kannte. Vielen war das Bier gänzlich zu Kopf gestiegen, und die anderen schauten zu, ruhig und vergnügt, ohne daß jemand versuchte, ihren Albernheiten Einhalt zu gebieten oder sie daran hinderte, weiter zu trinken.

»Prost, meine Kleine...«

»Nein. Ich möchte nichts mehr... Casilda... Casilda, bitte, begleite mich zum Trufi. Ich will nach Hause fahren.«

Als Casilda und ich den Friedhof verließen, lag der Gipfel des Illimani in den Wolken. Ich war froh, daß er mich nicht sehen konnte. Wir spazierten stumm nebeneinander dahin, und ich mußte ständig daran denken, wie ich mich mit dem Porompompero lächerlich gemacht hatte. Ich wollte mich davon ablenken, indem ich Casilda fragte:

»Woran ist dein Vetter denn eigentlich gestorben?«

»Der kleine Omar? Ich weiß nicht so genau. Was sagten die Ärtze noch, was er im Bauch hatte? Wir werden ihn operieren, sagten sie ständig. Aber meine Tante wollte das nicht.«

»Aber, warum?«

»Angeblich wurde ihre Taufpatin operiert, und man hat ihr dabei alle Eingeweide herausgenommen und die Gute wieder mit Watte ausgestopft.«

»Casilda! Glaubst du solch einen Käse?«

»So sagt zumindest immer meine Tante. Ich kann dir nicht sagen, was passiert ist.« Casilda starrte mit unterwürfigem Gesicht zu Boden. »Also wenn du auch sagst, daß das ein Unsinn ist... ist es wohl tatsächlich ein Unsinn.«

Ich war mir sicher, daß Casilda weiterhin hundertprozentig von dieser Geschichte überzeugt war. Sie traute sich nur nicht zuzugeben, daß sie an etwas glaubte, an das ich nicht glaubte. Sie zog es vor, mir nach dem Mund zu reden, damit ich sie mit ihren eigenen Vorstellungen in Ruhe ließ. Ich dagegen hätte es toll gefunden, wenn sie mir widersprochen hätte, wenn wir diskutiert hätten und wenn sie mich schließlich davon überzeugt hätte, daß die Patentante ihrer Tante tatsächlich gänzlich mit Watte ausgestopft worden war.

»Meine Tante hat ihn zu einem Wunderheiler gebracht«, fuhr Casilda fort, »doch ist der Kleine trotzdem kurz darauf gestorben.« Tränen traten ihr für einen Moment lang in die Augen, doch kurz darauf lächelte sie wieder. »Ich hoffe, der Milchreis hat ihm geschmeckt. Der Omar war schon immer ein ordentlicher Vielfraß.«

Vater öffnete mir die Tür.

»Und, wie war's?«

Ich hielt nicht an, um ihm zu antworten. Schnell verschwand ich im Badezimmer und verließ es erst wieder, als ich mir sicher war, daß es keinen Rest von Bier mehr an oder in mir gab. Die Vorstellung, daß mich Vater beschwipst sehen könnte, war mir genauso peinlich wie die Erinnerung an das Porompompero. Ich setzte mich neben Tijeras auf das Sofa, ganz aufrecht. Hervorragend: gerade fing die Krippe an. Ich fand es toll, jetzt mit ihm diesen Moment zu genießen. Ich zeigte auf die Seitenhänge.

»Dort gegenüber wohnt Casilda.«

Vater pflichtete mir geistesabwesend bei und fing an, ein Buch zu lesen: ALLERHEILIGEN IN BOLIVIEN. Ich fühlte mich, als hätte er mir die Tür vor der Nase zugehauen. Warum hatte ich mich nur frisch geduscht und die Zähne so geschrubbt? Ich wäre wohl besser vollkommen betrunken nach Hause gekommen, damit Tijeras irgend etwas merken und endlich mal für kurze Zeit seine Bücher zur Seite legen würde. Ehrlich gesagt, tat es mir jetzt richtig leid, es nicht getan zu haben.

»Weißt du, daß ich dort oben echt viel getrunken habe.«

Mein aggressiver Ton überraschte mich selbst am meisten. Ich hatte gesprochen, ohne nachzudenken. Vielleicht war es ja noch das Bier, das mir die Worte zuerst auf die Zunge und dann erst in den Kopf legte.

Vater schlug das Buch mit einem Schlag zu, ohne die Seite zu markieren. Das war ja schon mal was!

»Dieses Fest!« Vater schien echt platt. »Ich hätte es wissen müssen. Ich hätte dich begleiten sollen...«

»Wozu? In deinem Buch wird doch alles über das Feiern des Totensonntags beschrieben.«

Niemals zuvor hatte ich Vater soviel Sarkasmus entgegengebracht. Ich war selbst erschrocken.

»Was ist mit dir los, Maria? Habe ich dir etwas getan?«

»Nein. Du hast mir nichts getan. Überhaupt nichts hast du...«

Das war das Schlimmste. Ich konnte mich noch nicht einmal über ihn beschweren, auch wenn ich nach einem Grund suchte. Und das machte mich noch wütender auf ihn. Ich hätte es vorgezogen, wenn er mich angebrüllt oder mir eine Ohrfeige gegeben hätte.

Wie albern bist du nur, Maria. Du verstehst dich ja selbst nicht. Du denkst, du bist erwachsen, dabei bist du noch eine richtige Göre. Das wird wohl der Alkohol sein. Das ist schon eine komische Sache, dieser Alkohol. Und was wird Tijeras jetzt denken? Nein, bitte nicht! Jetzt flennst du auch noch! Wenn du heulst, wird er dich sicherlich verachten. Nein, nicht einmal das. Er wird nur denken, das Geheule, das ist ja nur die letzte Phase des Rausches. Jetzt geht es ihr bald wieder gut.

Ich unterdrückte die Tränen und ging ins Bett, bevor es wieder aus mir heraus brach. Ich fiel auf das Bett wie ein Sack Kartoffeln, was weiß ich von welcher Sorte.

Wie haben sie alle über das Lied, das das Fräulein gesungen hat, gelacht, und deshalb wollten sie sie danach auch immer wieder zu den Festen einladen. Aber ich habe ihr später nie mehr gesagt, daß sie doch kommen soll, denn es war peinlich mir, wegen unserer armseligen Hütte und natürlich auch, weil alle, wenn sie etwas getrunken haben, halb durchdrehen, besonders mein Onkel, und sich dann ganz schön daneben benehmen. An jenem Allerheiligen hat mein Onkel ganz schön gebechert, wie ihn sein Chef gerade rausgeschmissen hatte. Deshalb wußte ich, daß uns, meine Tante und mich, am Abend Prügel erwarteten, denn seinen Chef konnte er ja nicht verkloppen, deshalb waren wir dran, halt. Deshalb ging ich nicht nach Hause zurück und schlief unter freiem Himmel. Eigentlich wollte ich das Fräulein bitten, ob ich bei ihr übernachten konnte, aber es war mir peinlich, das mit meinem Onkel. Außerdem war sie noch sauer, daß meine Tante Omar nicht operieren ließ, glaube ich, und deshalb habe ich gleich gar nichts gesagt. In jener Nacht hat mein Onkel meiner Tante ein blaues Auge verpaßt, daß die darauffolgenden Tage die Farbe wechselte ständig, und meine Vettern lachten darüber, denn sie sagten, daß meine Tante aussah wie Windsor, der Hund, der hat einen schwarzen Fleck um das Auge herum.

In jener Nacht habe ich ganz schön gefroren, obwohl ich mir noch eine Flasche Singai, den Schnaps geschnappt habe, als mich gerade beobachtete niemand. Den habe ich dann schlückchenweise getrunken, damit er mir wärmte den Magen und auch das Herz. Denn einen Moment lang vergißt du alles Schlechte und fühlst dich gut. Natürlich danach bleibt alles beim Alten. Wenn du zuviel getrunken hast, machst du Dinge, an die du dich später nicht mehr erinnern kannst, und die sind manchmal gar nicht gut, und die Jungs, wenn sie dich betrunken sehen, nutzen sie dich gleich aus.

15

ie wird das wohl sein?« Das war Casildas Lieblingssatz.

»Mit dem Flugzeug fliegen, wie wird das wohl
sein?« »Außerhalb Boliviens, wie wird das wohl
sein?« »Das Meer, wie wird das wohl sein?« »Hosen
tragen, wie wird das wohl sein?«

Und immer wenn dieses Wie-wird-das-wohl-
sein? über ihre Lippen kam, füllten sich ihre Augen
mit Entzücken. Ich wurde fast neidisch, denn es
schien mir, daß ihre Vorstellung von diesen Dingen
viel aufregender war, als diese es je sein konnten.

Einmal war bei unserem Spiel Wie-wird-das-
wohl-sein? Spanien an der Reihe:

»Na, wie weit ist es denn weg? Wie von hier bis
zu meinem Dorf?«

»Neeeeeee, viel weiter.«

»Wieviel mal mehr als bis zu meinem Dorf?«

»Was weiß ich... Hundert Mal, zweihundert
Mal...«

Casilda riß ihre Augen so weit auf, daß ich Angst bekam, sie würden ihr herausfallen, während sie versuchte, sich jeden einzelnen dieser vielen Kilometer vorzustellen. Bis sie den Versuch aufgab und das Thema wechselte.

»Es soll einen Zug geben, der unter der Erde fährt. Habt ihr den auch in Spanien?«

»Ja, in Madrid, wo ich wohne, gibt es ihn. Das ist die U-Bahn.«

»U-Bahn«, wie verzaubert ließ Casilda das Wort über ihren Gaumen gleiten. »Und mit diesem Zug kann man von Spanien bis hierher fahren?«

»Neeeee! Der fährt nur in der Stadt auf kurzen Strecken.«

»Ach, sooooo!« Casilda schien ziemlich enttäuscht, so als ob sie die Technik, die sie kurz zuvor noch mit offenem Mund staunen ließ, plötzlich im Stich gelassen hätte.

»Komm, schau, ich werde dir eine Weltkarte zeigen, damit du siehst, wo Spanien und wo Bolivien liegt.«

Ich öffnete einen Atlas, in dem wir auf einer Doppelseite die ganze Welt sehen konnten.

»Das Rosafarbene hier ist Bolivien.« Ich zeigte mit dem Finger darauf.

»So klein!« Casilda schien sehr enttäuscht zu sein.

»Na ja, hier siehst du Spanien. Das ist noch viel kleiner.«

Ich deutete auf Spanien, und Casilda krümmte sich vor Lachen:»Das sieht man ja kaum!«

Da ich mich in meinem Nationalstolz angegriffen fühlte, wechselte ich sofort das Thema.»All das Blaue, das du hier siehst, ist Wasser.« Ich zeigte auf die Ozeane.

»Das ist bestimmt der Titicacasee, oder?«

»Neeeee.« Jetzt hatte ich endlich was zu lachen.»Das sind Meere und Ozeane. Der Titicacasee muß hier irgendwo sein...« Ich fuhr mit meinem Finger über die Landkarte von Bolivien, bis ich auf einen kleinen blauen Fleck stieß.»Das ist er!«

»Unmöglich!« fiel mir Casilda scharf ins Wort und lehnte sich gleichzeitig beleidigt zurück.»Also, ich war schon mal mit meiner Mammi dort, und er war riesengroß, so groß, daß man sein Ende nicht sehen konnte.«

»Ja gut, meine Liebe, aber das ist doch hier im Maßstab abgebildet. Wenn man ihn mit einem Ozean vergleicht, ist der Titcacasee nur ein kleiner Tümpel. Wenn man Bolivien mit der Welt vergleicht, so ist es auch nur ein mickriges Stück Erde.«

»Und was ist dann dieser ganze Rest hier?« Casilda zeigte verunsichert auf die Weltkarte.

»Das sind eben die anderen Länder, die übrigen Kontinente.«

»Dort wo die Gringos leben?«

»Ja, wenn du so willst, die Gringos. Aber die Gringos sehen nicht alle gleich aus. Es gibt chilenische, schwedische, chinesische, spanische, argentinische...«

»Die Argentinier kenne ich. Die kamen letztes Jahr zu einem Fußballspiel hierher. Die bescheißen ganz schön! Die haben unseren Torhüter einfach umgetreten. Ich kenne auch einen Herrn, der einen Laden in der Tumuzla hat. Es heißt, er sei aus einem Land... ich glaube, es heißt Uropa.«

»Europa! Aber Europa ist ein Kontinent, kein Land. Ich komme auch aus Europa.«

»Na, ich weiß nicht. Er kommt aus einem Land, das in Trümmern liegt. Liegt Spanien in Trümmern? Er hat mir Postkarten gezeigt, und alles lag auf dem Boden. Bestimmt ist er deshalb hierher gekommen und hat einen Laden aufgemacht. Jetzt geht es ihm sehr gut, er hat eine bolivianische Frau und alles...«

»Italien!« sprudelte es aus mir heraus, nachdem ich ein Weile über dieses in Trümmernliegen nachgedacht hatte. »Er ist bestimmt Italiener, dieser Herr. Italien liegt in Europa.«

Casilda legte ihre Stirn in Falten und sagte gar nichts.

Ich hatte keine Lust, mit dem Fräulein zu streiten, aber wenn Don Aldo sagte, daß er aus Uropa kam, dann ist das schon Uropa und nicht Talia, oder wie auch immer das heißen soll. Daß der Titicacasee auf dieser Landkarte wie ein Tropfen Wasser aussah, gefiel mir erst recht nicht. Und dann, alles voller Meere... Was sollte das? Schwammen denn die Länder wie Holz auf dem Wasser? Und wenn sie schon schwammen, wohin bewegten sie sich? Und außerdem, es war doch gar nicht möglich, daß Bolivien schwimmt. Ich hatte doch hier La Paz unbeweglich unter meinen Füßen. Also ehrlich, das Fräulein Maria erzählte manchmal schon ganz schön dummes Zeug!

Na ja, die Welt war ja ein bißchen komisch schon auch. Man wußte ja schon gar nicht mehr, was man denken sollte. Eine Zeitlang dachte ich als kleines Mädchen, daß es auf der Erde nichts anderes als mein Dorf gab. Dann nahm mich mein Vater eines Tages nach Achacachi mit. Achacachi war im Vergleich zu meinem Dorf riesig. Es gab einen Haufen Häuser, einen Haufen Leute, einen Haufen Autos und Laster... es gab einfach von allem einen Haufen. Da wußte ich, daß ich nicht im Mittelpunkt der Erde lebte. Der Mittelpunkt der Welt war Achacachi. Jahre später kam ich mit meiner Mammi nach La Paz, wobei wir stundenlang zu Fuß, mit dem Bus und mit dem LKW unterwegs waren. Bis zu diesem Moment konnte ich mir vorstellen wahrlich nicht, daß die Welt so groß war. Achacachi war winzig im Vergleich zu La Paz, fast lächerlich klein. Und jetzt stellte sich heraus, daß La Paz auch nicht mehr der Mittelpunkt der Erde war. Es gab andere, größere Städte mit Zügen unter dem Boden. Ich wurde ganz unruhig bei dem Gedanken. Und deshalb reichte es mir an dem Tag, und ich wollte Neues nichts mehr wissen.

16

Ich wollte auch mal Wie-wird-das-wohl-sein?
spielen, aber diesmal als Fragende, nicht als
Antwortende. Casilda machte mich neugierig. Wo
wurde sie geboren? Wo waren ihre Eltern? Wie alt
war sie? Wie viele Polleras trug sie? Machte sie sich
diese langen Zöpfe jeden Morgen neu? Aber Casilda, die zwar jeden Tag gesprächiger wurde, verstummte immer ganz verlegen, wenn ich sie nach
persönlichen Dingen fragte.

Nur ganz selten, während sie eine Kartoffel
schälte oder eine Knoblauchzehe zerdrückte, er-
wähnte sie irgend etwas, starr auf ihre Arbeit blik-
kend, so, als würde sie mit sich selbst sprechen.

»Diese Erdäpfel sind ganz schön schlecht. So
waren sie auch im Garten meiner Eltern.«

Oder:

»An einem Tag wie heute wurde mein kleinster
Bruder geboren, bei Blitz und bei Donner. Der
Medizinmann sagte, das sei ein gutes Zeichen, aber
trotzdem ist der Arme gestorben kurz darauf.«

Ich versuchte das Gespräch fortzuführen, aber irgendwann war Casilda mit dem, was sie gerade machte, fertig, blickte mich an und verstummte, so als bemerkte sie erst in jenem Moment, daß ich auch anwesend war.

An jenem Tag ging die Sache bis dahin ganz gut: Casilda fing von alleine an zu erzählen, und das Beste war, sie begann die Geschichte von Anfang an.

»Ich wurde in einem Dorf auf dem Altiplano geboren«, sagte sie, während sie eine Kartoffel schälte. »Schon sehr klein schickte man mich auf's Feld, um die Schafe und Llamas zum Weiden auszuführen. Ich war vielleicht fünf oder sechs Jahre alt. Ich ging sehr früh morgens los, wenn die Sterne noch am Himmel waren, mit trockenen Bohnen und kleinen Erdäpfeln zum Mittagessen. Und vor Einbruch der Dunkelheit kam ich nach Hause nie zurück.«

»Und warst du den ganzen Tag alleine?«

»Ja, fast immer. Ich spielte mit mir alleine oder sang Lieder für mich selbst, und in meinen Aguayo steckte ich einen länglichen Stein und band ihn mir auf den Rücken, so als trüge ich eine *Wawa.*«

»Wawa?«

»Wawa ist ein Baby«, klärte sie mich auf, während sie die Kartoffeln unter fließendem Wasser abwusch. Da wußte ich, das Gespräch war beendet.

106

Ohne zu überlegen, streckte ich ihr noch eine Kartoffel hin, wie jemand, der Treibstoff in eine Maschine nachfüllt, die stehen geblieben ist. Es funktionierte. Casilda konzentrierte sich darauf, die Kartoffel zu schälen und setzte, ohne mich anzuschauen, ihre Rede dort fort, wo sie aufgehört hatte. Fast konnte man meinen, daß sie ihre Rede auf der Kartoffelschale ablesen würde.

»Ja, ich spielte, ich würde ein Baby auf dem Rükken tragen. Aber bald trug ich tatsächlich eins mit mir, und das war gar nicht lustig. Ich mußte meinen kleinen Bruder Moises mitnehmen, und der war ganz schön schwer! Meine Mammi konnte nicht auf ihn aufpassen, denn sie hatte einen Haufen Arbeit: sie half meinem Papi auf dem Feld, kümmerte sich um den Rest des Viehs, wusch, kochte, webte, kümmerte sich um die übrigen Geschwister... Sie arbeitete echt mehr als Papi...«

Casilda war mit einer nächsten Kartoffel fertig und blickte mich wieder schweigend an. Sofort streckte ich ihr eine weitere Handvoll entgegen. Und es funktionierte wieder.

»Das Vieh auf die Weide führen, so wie ich das damals tat, war eigentlich gar nicht so anstrengend. Ich fühlte mich wohl mit den Schafen und den Llamas, und ich kannte sie alle beim Namen, und ich wußte genau, wenn sie zufrieden und wann sie traurig waren, und sie wußten auch alles über mich, denn sie sind eigentlich wie menschliche Wesen, und wenn sie dich anschauen, scheinen sie zu reden mit dir, sie können sprechen nur nicht. Es war nur schrecklich, wenn der Fuchs kam und die Schafe fressen wollte. Ich erinnere mich genau, als er das erste Mal kam. Alle Schafe blökten wild durcheinander, und Moises weinte, und ich weinte auch, aber angewurzelt wie ein Baum, ohne zu wissen, was ich tun sollte, als der Fuchs das jüngste Lamm mitnahm, *Huyphi Hankko* nannten wir es. O weh, o weh, und wie es geklingelt hat, als ich nach Hause kam!«

»Geklingelt? Was hat geklingelt?«

»Bei mir hat's geklingelt! Meine Eltern haben mich verdroschen!«

Casilda hielt zwischen zwei Kartoffeln einen Moment inne, seufzte tief und setzte danach ihre Arbeit fort.

»Selbst heute noch vermisse ich das Feld manchmal und das Vieh und alles andere, obwohl wir manchmal fürchterlichen Hunger hatten, weil die Erdäpfel verfroren waren oder weil der Fuchs die Schafe geholt hatte oder weil man uns unsere Ernte schlecht bezahlte... oder was auch immer. Irgendein Mißgeschick hat uns immer heimgesucht. Und jedes Jahr wurde ein neues Geschwisterchen geboren, und meine Mammi beklagte sich: Oh je, noch ein Esser! Wenn es doch nur der Liebe Gott gleich zu sich nehmen würde.«

»Was?« brülle ich entsetzt. »Deine Mutter wollte, daß das Baby stirbt?«

Casilda errötete, so wie immer, wenn sie etwas sagte, was mir nicht zu gefallen schien.

»Ich werde die Erdäpfel waschen«, sagte sie, um das Thema zu wechseln.

»Nein, nein, besser wir schälen noch ein paar«, ich streckte ihr schleunigst drei weitere Kartoffeln entgegen. »Ihr wart also viele Geschwister und hattet nicht genügend zu essen für alle... Und was geschah dann?«

»Na ja, eines Tages sagte meine Mammi zu mir: Casilda, du mußt nach La Paz zu deiner Tante gehen. Du wirst ihr im Haushalt und mit deinen Vettern helfen. Und meine Geschwister blieben auf dem Land, um meinen Eltern zu helfen, und ich wurde nach La Paz geschickt. Das ist jetzt drei Jahre her.«

Die Wohnungstür fiel ins Schloß, und wie üblich streckt kurz darauf Vater seinen Kopf durch die Küchentür.

»Was um Himmelswillen ist denn hier los? Erwarten wir ein ganzes Regiment zum Mittagessen?«

Casilda und ich blickten in die gleiche Richtung wie Vater und sahen einen riesigen Berg geschälter Kartoffeln vor uns liegen.

»Oh je, oh je!« Casilda verdeckte ihr Gesicht mit der Küchenschürze und schien so versteinert wie das erste Mal, als sie den Fuchs gesehen hatte.

Wenn das Fräulein etwas aus meinem Leben wissen wollte, ließ sie mich immer viele Erdäpfel schälen, ich weiß nicht warum, vielleicht halfen die Erdäpfel einem dabei, die Zunge zu lösen. Vielleicht benutzen sie sie ja genau dafür in Spanien. Um sie nicht zu enttäuschen, schälte ich eben und erzählte und schälte und erzählte. Und es fing an, mir Spaß zu machen, dem Fräulein von mir zu erzählen, denn es schien sie zu interessieren alles, und sie machte sich niemals über etwas lustig. Aber manchmal schaute sie mich schon an, als käme ich vom Mars, und es hatte den Anschein, daß sie böse wurde. Deshalb erzählte ich ihr bestimmte Dinge gar nicht, weil ich wußte, daß sie ihr nicht gefallen würden. Sicherlich wäre sie böse geworden, wenn ich ihr erzählt hätte, daß mein kleiner Bruder schließlich doch gestorben ist und daß keiner von uns um ihn geweint hat, denn es war eher eine Erleichterung für uns.

17

Eine Kartoffel ist nicht einfach eine Kartoffel. Weit gefehlt! Kartoffeln sind unglaublich.

Dort, wo man sie so erdig und unförmig mit Beulen, Grübchen und Warzen übersät antrifft, haben sie ganz alleine Generationen von Indios auf dem Altiplano vor dem Hunger bewahrt. Während die anderen Pflanzen sich weigerten, weiter zu wachsen, weil sie die Tageshitze und den Nachtfrost, den kargen Boden und das wenige Wasser leid waren, durchwühlte der Bauer seine Felder, und dort unten tauchten die Kartoffeln auf mit ihrem unscheinbaren Aussehen, so als wollten sie sagen: »Iß mich doch!« Und die Indios aßen sie natürlich, aber mit Respekt und mit Dankbarkeit. Sie waren so dankbar, daß einer ihrer Inka sogar verbot, die Kartoffeln zu schälen, um sie nicht zum Weinen zu bringen.

Nach der Conquista brachten sie die Spanier nach Europa. Dort kannte man sie nicht. Unglaublich! Wenn man sich vorstellt, daß diese armen Europäer fast bis zum 16. Jahrhundert darauf warten mußten, um sich die ersten Pommes in den Mund zu schieben! Das kommt davon, wenn man zu früh geboren wird!

Aber die Kartoffeln werden ja nicht nur gegessen. Sie haben auch noch weitere nützliche Eigenschaften. Wenn dir zum Beispiel der Fuß wehtut, so steckst du eine in die Hosentasche (Casildas Hausrezept), und wenn du dich unterhalten willst, so fängst du einfach an, sie zu schälen.

Seit dem Tag, an dem die Kartoffeln Casilda zum Sprechen brachten, hatten wir unseren Geheimcode: eine Handvoll ungeschälter Kartoffeln auf dem Küchentisch bedeutete, daß dies ein Tag zum Geschichtenerzählen war. Es gab keine Chance, sich davor zu drücken. Wenn ich die Kartoffeln hinlegte, mußte Casilda erzählen. Wenn Casilda die Kartoffeln auslegte, war ich an der Reihe.

Die Kartoffeln veranlaßten mich, Casilda von meinem Leben, bevor ich nach Bolivien kam, zu erzählen. Sie erfuhr, daß wir an Heiligabend zu Hause zu Abend aßen, daß Tante Leonor ein entsetztes Gesicht machte, wenn Vater sein Michael Jackson T-Shirt anzog, wer Michael Jackson überhaupt war, alles, was ich noch von meiner Mutter wußte, wie Tijeras sich die Hosen in die Socken stopfte, wenn er mit dem Rad durch Madrid fuhr, daß es an der Puerta del Sol einen Bär und einen Erdbeerbaum gab, was ein Erdbeerbaum überhaupt war... ja, sogar wie der Oberlippenflaum war, der langsam bei Du-weißt-schon-wem sproß.

Und ich erfuhr dank der Erdäpfel, wie ein Aymara-Bauernmädchen lebte, daß die Vögel mit ihrem Trillern jedem, der es hören wollte, Nachrichten übermittelten, daß man Hagelkörner mit Dynamit verscheuchte und daß es für ein frisch vom Land in die Stadt gekommenes Mädchen nichts Schlimmeres gab, als mit einem Aufzug zu fahren.

Nur beim Kartoffelschälen traute sich Casilda, mir ein wenig zu widersprechen und mich Maria statt Fräulein zu nennen. Aber wenn die Kartoffeln geschält waren, ging alles wieder seinen normalen Gang. Ich war wieder das Fräulein und setzte mich an den Tisch. Casilda war die Angestellte und servierte mir einen Berg Kartoffelpüree. Und Vater betrachtete das Püree und protestierte kleinlaut:

»Schon wieder Kartoffeln?«

Er hatte Recht, bei uns zu Hause wurden zuletzt zu viele Erdäpfel gegessen.

18

Eines Morgens ging ich sehr früh mit Vater aus dem Haus, noch bevor Casilda kam, und hinterließ ihr eine Nachricht auf dem Küchentisch:

Casilda, wir kommen nicht zum Essen.

Als ich nachmittags zurückkam, fand ich den gedeckten Tisch mit der erkalteten Suppe in der Suppenschüssel vor.

»Hast du meine Nachricht nicht gelesen, Casilda?«

»Also, die hab ich nicht gesehen, Fräulein.«

Einmal ging abends der Wecker von Vater kaputt, und ich ließ ein riesiges Schild auf dem Küchentisch für Casilda:

CASILDA, WECKE VATER SOFORT AUF, WENN DU KOMMST.

Vater pennte in einem durch bis halb zehn, ohne daß ihn jemand gestört hätte.

»Casilda! Du wirst mir doch nicht erzählen wollen, daß du das Schild nicht gesehen hast, oder?« sagte ich ziemlich wütend.

Casilda antwortete nicht. Und da hatte ich auf einmal einen Verdacht.

»Casilda, kannst du überhaupt lesen?«

»Na ja, es kommt darauf an.« Casilda knüllte ihre Schürze verlegen vor sich zusammen. »Manche Buchstaben kann ich lesen und manche nicht...«

»Aber bist du denn nie in die Schule gegangen?«

»Na ja,... ein bißchen.«

Casilda schien das alles sehr peinlich zu sein und war irgendwie nicht so richtig bereit, über die Sache zu reden. Dazu brauchte es jetzt ein paar Kartoffeln. Ich legte sie auf den Tisch, verschränkte die Arme und insistierte:

»Du bist also nie in die Schule gegangen?«

Casilda fing an zu erzählen:

»Wie sollte ich auch gehen. Die Schule lag weit weg, zwei Stunden zu Fuß, und ich mußte doch auf das Vieh aufpassen. Außerdem sagte mein Vater immer: ›Sie ist doch ein Mädchen. Warum sollen wir sie zum Lernen schicken? Hat denn ihre Mutter zur Schule gehen müssen?‹ Und als ich hierher zu meiner Tante kam, hatte ich auch Zeit nicht dazu. Meine Tante ging arbeiten, und ich mußte putzen und das Mittagessen für die Kleinen zubereiten. Dort gab es eine Nachbarin, die mir die Buchstaben beibrachte, aber als wir beim H waren, ist sie mit ihren Eltern umgezogen. Ich wollte lesen lernen schon. Auf dem Land ist es anders, dort gibt es nichts geschrieben.

Aber in der Stadt gibt es überall Buchstaben und Zahlen und Schilder, auf denen Sachen stehen, die man verstehen sollte. Oh je, und als ich in meinen ersten Haushalt zum Arbeiten ging? Es war ein sehr hohes Gebäude, so wie dieses, zehnter Stock, das werde ich niemals vergessen. Ich betrat den Fahrstuhl, und es gab ein Metallschild mit vielen Knöpfen und Nummer darauf, und die Tür ging zu und ich wußte nicht, welches die Zehn war. Ich hab auf irgendeinen gedrückt und klingelte an einer Tür, aber es war nicht die richtige. Und ich ging nach unten und nach oben und klingelte an allen Türen, aber ich hätte niemals geglaubt, daß so viele Leute auf so wenig Raum zusammenleben können. Schließlich mußte ich wieder ganz nach unten ins Erdgeschoß gehen und ging nun das Treppenhaus hoch, indem ich die Stockwerke abzählte, denn bis Hundert konnte ich schon zählen.

Die Zehn habe ich sofort gelernt, denn das Ehepaar, für das ich anfing zu arbeiten, war genau so wie die Zehn: er spindeldürr wie der Strich von der Eins, und sie dick und rund wie die Null. Und jedes

Mal, wenn ich den Aufzug betrat und auf die Zehn drückte, lachte ich in mich hinein, denn es kam mir vor, als drückte ich den Bauch der Señora. Natürlich war dies der einzige Moment am Tage, da ich etwas zu lachen hatte, denn meine damalige Chefin war ein ganz schönes Biest, sie schimpfte mich wegen jeder Kleinigkeit und bestrafte mich, indem sie mir nichts zu essen gab oder mich auf den Hinterkopf schlug.

Und das alles nur, weil ich damals doch im Haushalt noch sehr unerfahren war. ›Deck den Tisch, Casilda!‹, sagte sie zu mir. Und ich ging ins Wohnzimmer und sah, wie dort ein feines buntes Tuch den Tisch abdeckte. ›Er ist schon gedeckt, Señora Cuchita‹. ›Was heißt, er ist gedeckt, du doofe Nuß! Deckt er sich vielleicht von alleine?‹ Ich wußte eben nicht, was es bedeutet, den Tisch zu decken, denn zu Hause aßen wir immer mit den Tellern in der Hand, auf dem Boden sitzend, und wir kannten keine Tischdecken, kein Besteck oder sonstiges Zeug.

Die Señora wurde auch deshalb immer wieder böse, weil ich weder Fleisch noch Fisch kochen konnte. Wie sollte ich das auch können, wenn wir zu Hause immer nur Erdäpfel, Reis und Suppe aßen. Ich konnte am Anfang noch nicht einmal die Betten machen, denn ich hatte niemals zuvor Betttücher gesehen, und der Señor wurde auch sehr wütend, weil ihm in der Nacht unten immer wieder die Füße herauskamen und er sich angeblich dabei erkältete.

Die Señora gab mir nur Essen und Unterkunft. Sie sagte, daß ich ihr dankbar sein müßte für all das, was sie mir beibrachte. Und ich wußte nicht recht, ob sie mich damit betrog und vielleicht doch damit Recht hatte.

Fast zwei Jahre war ich in diesem Haus, und als ich es verließ, hatte ich sehr viel gelernt: ich konnte alles im Haushalt erledigen, und ich konnte Zahlen lesen, womit ich mich nicht mehr schämen mußte, wenn ich einen Fahrstuhl betrat.«

Das Fräulein Maria begann, mir jeden Nachmittag ein bißchen die Buchstaben ab dem H beizubringen, um etwas lesen und schreiben zu können. Ich fühlte mich ganz schön doof, sie mußte alles mehrmals wiederholen, und manchmal begann sie nervös mit dem Fuß zu wippen, was mich noch mehr nervös machte. Natürlich konnte sie auch nicht sehr gut Aymara sprechen. Von all dem, was ich ihr beizubringen versuchte, behielt sie nur das Wort Achachi, was Alter in Aymara bedeutet. Von da an nannte sie ihren Vater Achachitijeras und krümmte sich dabei vor Lachen.

19

An vielen Tagen redete ich nur mit Casilda, mit Vater und mit Väterchen Illimani, wenn er nicht zu sehr von Nebelschwaden umhüllt war. Deshalb fand ich es immer ganz toll, wenn wir Besuch von Freunden von Tijeras bekamen. Sie waren alle jünger als er. Fast alle Freunde von Tijeras sind jünger als er. Er sagt, das komme davon, daß er »im Geiste jung geblieben« sei. Auch sie tranken gerne ganz ordentlich, so wie die Familie von Casilda, nur mit dem Unterschied, daß sie Wiskey und kein Bier tranken und gar nicht daran dachten, der Pachamama ihren Teil abzugeben.

Wenn sie ein bißchen getrunken hatten, begannen sie im Spaß zu diskutieren, und wenn sie dann mehr getrunken hatten, wurde daraus eine ernsthafte Diskussion. Sie diskutierten immer. Vater diskutiert immer mit seinen Freunden, und trotzdem bleiben sie immer seine Freunde.

»Armer *Tata Inti*!« sagte Guido zu Vater. »Was hat er dir nur getan, daß du darauf bestehst, ihn in einer Glühbirne einzufangen?«

»Du wirst es schon noch erleben«, legte Eliana witzelnd nach, »eines Tages wird er seine Geduld verlieren und wird dich mit einem Strahl wie ein Stück Butter schmelzen lassen.«

Tata Inti, Herr Sonne, ist der Name, den die vorspanischen Völker des Altiplano der Sonne gegeben hatten. Sie verehrten sie wie eine Göttin. Auch für Vater hatte die Sonne etwas Göttliches, und die Son-nenenergie war das Wunder, das fast alle Probleme der Welt lösen konnte, von der UMWELTVER-SCHMUT-ZUNG bis zur ARMUT, ja sogar die GRIPPE (frag mich bloß keiner wie). Deshalb war er so stolz auf sein Projekt SOLARENERGIE FÜR DAS ANDEN-HOCHLAND.

»Die Sonnenenergie ist nicht nur äußerst billig, sondern auch noch sauber«, erwiderte er. »Dank ihrer kann Bolivien Millionen von Dollar einsparen und in den Fortschritt investieren. Und es wird überall auf dem Altiplano elektrisches Licht geben!«

»Hör auf! Wozu braucht man Strom auf dem Altiplano?« merkte ein gewisser Wilson... oder Walter... oder Wilbur... oder irgendwie so an. »Die Leute werden sich einen Fernseher kaufen, auch wenn sie weiterhin am Hungertuch nagen, müllen sich damit ihr Hirn voll und werden alle in die Großstadt abwandern. Und was macht ein *Campesino* in der Großstadt? Dahinvegetieren! Man sollte sich vielmehr um bessere Bildung kümmern. Das ist das eigentliche Problem!« Man sollte vielleicht erwähnen, daß Wilson-Walter-Wilbur Lehrer war. »Wohin steuert ein Land voller ungebildeter Analphabeten? Wozu nutzt uns der Strom, wenn wir nichts damit anzufangen wissen?«

»Die Bildung«, unterbrach ihn Guido. »Wie soll die Bildung zu den Leuten kommen, wenn es keine Infrastruktur gibt? Es gibt im ganzen Land gerade mal zwei asphaltierte Strassen! Ein unhaltbarer Zustand!« Natürlich war Guido Bauingenieur.

»Als erstes kommt das Überleben!« Jetzt beteiligte sich auch Eliana eifrig an der Debatte. »Danach kann man daran denken zu verreisen, Lesen zu lernen oder fernzusehen. Aber im Moment gibt es da draußen auf dem Land fast keine medizinische Versorgung. Die Kinder sterben wie die Fliegen an einfachem Durchfall. Das muß als allererstes gelöst werden!« Der Beruf von Eliana muß wohl nicht erwähnt werden.

»Wie sollen die Ärzte ohne Straßen dorthin kommen?«

»Und was für Ärzte werden wir ohne Bildung haben?«

»Und wie wollen sie die Kranken ohne Licht untersuchen?«

Es war, wie man sieht, eine sehr angeregte Diskussionsrunde. Vater schlug auf den Tisch, bei Wilson-Walter-Wilbur schwoll die Halsschlagader an, Elianas Stimme überschlug sich, und bei Guido war ein nervöses Zucken der Unterlippe zu verzeichnen. Das Ergebnis von allem war, daß in Bolivien erst noch alles gemacht werden mußte, und deshalb sollte man am besten mit Folgendem beginnen:

STROMVERSORGUNG!

STRASSENBAU!

BILDUNG!

GESUNDHEITSVERSORGUNG!

Ich habe diese Wörter bewußt mit Großbuchstaben versehen. In Bolivien gab es viele Dinge mit Großbuchstaben: eine Lampe einschalten, eine Reise machen, ein Buch lesen, zum Arzt gehen... In Spanien sind dies Dinge, die eher klein geschrieben werden, denn sie sind für fast alle selbstverständlich. Aber in Bolivien bekamen sie eine andere Bedeutung, da viele Menschen all dies nie machen konnten. Wenn viele zu etwas keinen Zugang haben, dann wird das eine wichtige Angelegenheit mit Großbuchstaben. Und man muß der Sache nachgehen, bis sie selbstverständlich für alle wird. Dann kann man sie ohne Großbuchstaben schreiben und sich etwas anderem zuwenden.

Shit! Ich rede ja schon wie Tijeras!

20

Super! Vater und ich bereisen den Altiplano! Gut, na ja, und Eliana die Ärztin ist auch mit dabei. Daß sie mitkam, trübte die Sache etwas. Und daß sie auf dem Beifahrersitz reisen durfte und daß sie immer so laut lachte und daß sie Vater Tijeritas nannte. Aber wie auch immer, es war eine super Sache!

Der Altiplano ist so beeindruckend, ich wüßte nicht, ob ich ihn als schön oder häßlich bezeichnen sollte: eine unermeßlich große, menschenleere Hochebene mit einem zürnenden blauen Himmel darüber. Und mitten drin verlor sich unser Geländewagen, der sich durch die Schlaglöcher der Staubpisten quälte. Kurz nach La Paz gab es noch etwas Verkehr, Menschen, Häuser, Vieh... Aber seit Stunden schien es, daß wir uns im Nichts bewegten. Nur manchmal wurde unser Weg von ein paar Llamas gesäumt, die ganz bedächtig mit dem Hinterteil wackelnd vor uns herstolzierten. Oder es erschien plötzlich hinter einem Hügel ein zerlumptes Kind, das uns seinen Hut herstreckte. Oder wir überholten einen Campesino auf dem Fahrrad, der sich, als er unser Hupen vernahm, in panischer Angst in den Straßengraben warf, als höre er die Posaunen des Jüngsten Gerichts. Ich versuchte mit meinen Blicken weit in der Ferne zu erahnen, woher die Leute kamen, aber die gerade Linie des Horizonts wurde durch nichts unterbrochen; keine Häuser, kein Baum, nichts, was auf Leben schließen ließ.

Vielleicht waren die Leute und die Llamas, die uns begegneten, nur Ajayus, wie Casilda sie nannte. Es war wie in diesen Träumen, wo man ganz klar sinnlose Dinge sieht, die uns nur deshalb beunruhigen, weil sie so widersinnig sind.

»Wo kommen diese Leute nur her? Wo befinden sich ihre Häuser«, fragte ich und zeigte auf eine Frau, die gerade aus dem Was-weiß-ich-woher auftauchte und sich in das Woher-soll-ich-das-wissen begab.

»Ihre Häuser werden wohl dort vorne sein«, sagte Eliana und deutete unbestimmt in die unendliche Weite. »Wahrscheinlich einen halben Tagesmarsch von hier entfernt. Deshalb können wir sie nicht sehen.«

»Aber gibt es denn keine Dörfer am Straßenrand?«

»Anderswo im Altiplano schon, aber hier fast keine. Viele Familien wohnen nicht in Dörfern, sondern als Einsiedler, Tagesmärsche von ihren nächsten Nachbarn entfernt.«

Shit! Muß man sich denn nicht als Nichts vorkommen, wenn man einsam in einer so gigantischen Hochebene lebt? Und was fühlt man erst nachts, wenn der eisige Wind um dich heult und wie Messerstiche durch die Ritzen deiner Hütte dringt? Aber bei Windstille wäre es wahrscheinlich noch furchterregender. Dann würde man überhaupt nichts hören, denn es gibt dort nichts, was man hätte hören können: keine Vögel, keine Menschen, keine Tiere – die Llamas schienen stumm zu sein – keine Glocken, noch nicht einmal das lächerliche Gehupe eines Trufis auf der Suche nach Fahrgästen. Vielleicht hätte man sich selbst mal zwicken müßen, um zu merken, daß man am Leben ist.

Sofort bemerkte ich, daß dies nicht von Nöten war. Die Kälte, die bis in die Knochen ging, und das Knurren des leeren Magens waren ausreichend, um sich noch am Leben zu wähnen. Denn um Essen und Wärme ist es auf dem Altiplano auch nicht gerade gut bestellt.

»Sie essen Erdäpfel, wenn die Ernte nicht erfroren ist«, erklärte mir Eliana. »Saubohnen, manchmal Getreide.... Und ganz selten, *Charque*, eingelegtes Llamafleisch. Da es kaum Brennholz gibt, benutzen sie stattdessen *Bosta de Llama*.«

»Bosta ist Llama-Mist«, klärte Vater am Steuer sitzend auf, und ein Stadtmädchen, wie ich es war, war dankbar für diese Erklärung.

Um Himmelswillen! Ich kreuzte die Finger, damit uns der Pachakuti nicht gerade in diesem Moment überkäme!

Auf dem Altiplano schienen sich Zeit und Entfernungen wie Kaugummi zu ziehen. Ich war leicht eingenickt, als wir unser erstes Ziel erreichten: ein paar windschiefe mit Stroh bedeckte Hütten. Hier sollte Vater einen seiner Sonnenkollektoren aufbauen.

Der Kleinlaster mit der Technik und den Monteuren war kurz vor uns eingetroffen. Auf dem Altiplano fahren die Autos nicht einer hinter dem anderen, denn dann müßte der Hintermann ständig den Staub, den der Vorausfahrende aufwirbelt, atmen.

Als Vater ausstieg, scharten sich alle um ihn zur Begrüßung. Bald war ihnen klar, daß er „der Wichtige" in der Gruppe war. Mir kam er in diesem Moment auch sehr wichtig vor, und ich war stolz, ihn zum Vater zu haben.

Der Sonnenkollektor sollte auf dem Dach der Sozialstation aufgebaut werden, der einzige Ort, an dem man so etwas wie medizinische Versorgung im Umkreis von etlichen Kilometern bekommen konnte. Die Station war eine kleine Hütte mit einem einzigen Zimmer, in dem ein Poster, auf dem in Großbuchstaben STOP DER CHOLERA stand, das einzige war, was an Gesundheit erinnerte. Und in kleineren Buchstaben stand folgender Hinweis darunter geschrieben:

Essen Sie kein Gemüse, ohne es vorher zu kochen.

Der Verantwortliche der Sozialstation, eine Art Krankenpfleger, platzte fast vor Stolz – vielleicht fehlten ihm ja deshalb fast alle Knöpfe am Hemd. Er rieb sich immer wieder von neuem die Hände, während er mit Vater ausprobierte, wo man am besten die Glühlampen und Steckdosen anbrachte, die dank der Solaranlage funktionieren sollten.

»Hier wird meine Arbeit überhaupt nicht gewürdigt, Herr Ingenieur«, sagte er immerzu. »Ständig kommen sie mit ihren Heilkräutern und Wunderheilern an. Aber jetzt mit dem elektrischen Licht... Jetzt kann ich mir Respekt verschaffen!«

Ich setzte mich vor die Station, lehnte mich an den Türpfosten und beobachtete, wie die Techniker ihre Arbeiten ausführten. Sie schlugen einen sehr hohen Pfosten in die Erde. Einen Moment lang schloß ich die Augen.

»Maria!«

Ich blickte auf. Der Pfosten war schon aufgestellt und der Kollektor darauf angebracht. Jemand hatte die Tür der Station mit bunten Papierschlangen geschmückt. Etliche Menschen verstopften Tür und Fenster, um zu sehen, was drinnen passierte.

»Maria!« rief Eliana ein zweites Mal. »Wie lange schläfst du denn schon! Schau dich nur an! Du hast ein knallrotes Gesicht. Komm hierher und schau zu. Die Einweihungsfeier hat schon begonnen.«

Eliana und ich zwängten uns zwischen den Schaulustigen hindurch. Drinnen waren alle, die nicht draußen waren: auf der einen Seite die Männer auf Bänken und auf der anderen Seite Frauen und Kinder stehend.

Ein Mann mit kaputtem Hosenschlitz und einer Baseballmütze mit der Aufschrift *Dallas Cowboys* hielt eine Rede:

»Wir fühlen uns sehr geehrt, daß diese Herrschaften aus der uns innigst verbundenen Schwesterrepublik des Königreiches von Spanien gekommen sind hierher, denn in unserem Dorf sind wir leid es, daß uns die Lektrizität fehlt, nachts sehen wir gar nie nichts, was für uns ein enorm sehr großes Leid darstellt.«

Ich merkte, wie Eliana neben mir unruhig wurde.

»Das ist der Dorflehrer« murmelte sie. »Und das ist das enorme *Castellano*, was die Kinder hier in der Schule lernen!« Sie verstummte einen Augenblick, und dann erklärte sie mir flüsternd weiter: »Aber der arme Kerl kann nichts dafür! Es ist das Spanisch, das ihm sein Lehrer beigebracht hat, der es auch nicht besser konnte. Die Leute sprechen hier eigentlich Aymara, aber in der Schule müssen sie auf Spanisch lesen und schreiben lernen statt in ihrer eigenen Sprache. Kein Wunder, daß so ein Kauderwelsch herauskommt!«

»Und warum lernen sie nicht in Aymara?«

»Die Lehrpläne sollen dahin geändert werden, aber im Mome...«

Eliana konnte nicht fertigreden, denn plötzlich waren alle mucksmäuschen still, und das bedeutete, daß der große Moment gekommen war. Vater legte seinen Finger auf den Lichtschalter, er drückte und ... Päng! Ein höllischer Knall ließ mich die Augen schließen.

Da hatten wir's! Der Blödmann von Tijeras hatte die Kabel falsch angeschlossen. Wie standen wir jetzt da! Was war mit der Ehre der innigst verbundenen Schwesterrepublik des Königreiches von Spanien?

Aber weit gefehlt. Ich öffnete die Augen. Die Glühbirne an der Decke leuchtete, zwar sehr schwach, da draußen das Sonnenlicht noch zu grell war, aber sie leuchtete. Die höllische Explosion kam von dem Krach der Feuerwerkskörper, welche die Dorfbewohner zur Feier des Tages abschossen. Und da es für sie keine Feier ohne Alkohol und Tanz gab, wurden sofort ein Trog mit *Chicha*, einem alkoholischen Getränk aus Mais, das für mich wie Seifenwasser schmeckt, und eine Gruppe Musiker herbeigebracht, die auf Trommeln und *Quenas* spielten, einer Flöte mit fünf Löchern, die sehr schön klingt.

Der Lehrer mit der Baseballmütze der *Dallas Cowboys* tauchte eine große Holzkelle in den Trog und holte sie immer wieder heraus, damit nacheinander alle davon trinken konnten.

Na gut, außer Vater, der mußte ständig trinken. Aus irgendeinem Grund war er ja der Ehrengast, der Ingenieur, der wundersame Lichtmacher. Und wer kann schon einem netten Hochlandbauern aus dem Altiplano widerstehen, wenn er Chicha anbietet! Vater trank gehorsam. Hier und da wurde er von einer recht robusten Bauerndame am Arm gepackt und mit Schwindel erregenden Drehungen zum Tanzen angehalten. Ich erinnere mich noch genau an ihre aufgeblähte blaue Pollera und an die glasigen Augen von Vater, die mich bei jeder Drehung eine Sekunde lang anblickten. Ich schwöre, daß ich dieses Mal nur eine knallgelb leuchtende Limonade trank.

Es kam der Moment, daß mir die Musik in den Ohren wehtat. Aber die Campesinos tanzten und tranken ohne Unterlaß weiter. Sie machten den Eindruck, völlig erschöpft zu sein, sie lachten gar nicht mehr. Manchmal stolperte der ein oder andere und fiel zu Boden. Aber sofort stand er wieder auf und drehte sich weiter. Sie schienen wie verzaubert, und obwohl sie es wollten, konnten sie nicht aufhören weiterzutanzen.

»Glaubst du, daß sie Spaß dabei haben?« fragte ich Eliana.

132

»Ich denke schon. Sie vergnügen sich nun mal immer so. Ich möchte mir aber jetzt nicht vorstellen, was in ihren Köpfen vorgeht.«

Als es schon lange dunkel war, konnte Vater sich einer robusten Campesinodame entziehen, und der Krankenpfleger führte uns zu unserer Schlafstätte in einer Hütte. Wir breiteten unsere Schlafsäcke auf ein paar Lammfellen aus. Vater und Eliana knackten sofort ein, ich nehme an wegen der Chicha. Ich dagegen konnte nicht schlafen. Der Lärm der Quenas und Trommeln drang von draußen in die Hütte und zerhämmerte mein Hirn. Mein Kopf glühte. Und wenn ich die Augen schloß, sah ich ständig bunte Polleras im Kreis herumwirbeln, bis mir schwindelig wurde. Es juckte mich am ganzen Körper. Bestimmt war dieses Lammfell voller Wanzen! Ein eisiger Wind drang durch die Ritzen der Wand. Ich entdeckte ein Loch im Dach, durch das ein Stern leuchtete. Ich dachte, daß man diesen Stern jetzt wohl an vielen Orten sehen konnte. Vielleicht auch in Spanien!

In Spanien! Immer dasgleiche mit dir, du doofe Nuß! fauchte ich mich selbst an. In Spanien geht jetzt fast schon die Sonne auf. Außerdem sieht man auf der Nordhalbkugel nicht die gleichen Sterne wie auf der Südhalbkugel.

Diesen kleinen Unterschied hatte ich nicht bedacht. Aber das war jetzt auch egal. Auf der Südhalbkugel gab es sicherlich auch große leuchtende Städte wie Madrid, wo man jetzt diesen Stern sehen konnte. Und mit diesen »zivilisierten« und dicht bevölkerten Orten etwas gemeinsam zu haben, auch wenn es nur ein kleiner Stern war, beruhigte mich. Und dank dieser blöden Vorstellung konnte ich schließlich einschlafen.

Mitten in der Nacht wachte ich ohne zu wissen warum auf. Es war nichts zu hören, nichts zu sehen, aber ich fühlte, daß draußen irgendetwas vor sich ging. Ich brauchte sehr lange, bis ich mich traute, aus meinem Schlafsack zu schlüpfen und zur Tür zu krabbeln. Ich ging nach draußen. In der Dunkelheit konnte man das kleine Fenster der Sozialstation wahrnehmen, wo das Licht brannte. Es leuchtete angenehm warm unter dem enormen kalten Nachthimmel. Ich blickte auf die Uhr. Es war drei Uhr in der Frühe.

Ich drückte meine Nasenspitze an die Fensterscheibe. Dort saß der Krankenpfleger und las wie ein Mann von Welt in einer alten Zeitung. Um ihn herum kauerten zahlreiche Männer und Frauen auf dem Boden, ohne sich zu bewegen, sie blickten nur konzentriert auf das Licht, das den Raum erfüllte, so als würden sie jeden einzelnen Lichtstrahl langsam in sich aufsaugen.

Jetzt wußte ich, was es bedeutete, Tata Inti in einer Glühbirne eingeschlossen zu sehen.

21

Am nächsten Tag kamen sogar die Kinder aus der Schule, um uns zu verabschieden. Ich sah den Lehrer seine *Dallas Cowboys* Mütze schwenken, bis sie der Staub, den unser Auto aufwirbelte, ganz verschluckt hatte.

Vater war schlecht gelaunt. Er konnte die ganze Fahrt über die Augen nicht richtig öffnen. Man konnte nur zwei kleine Schlitze erkennen, die sich manchmal zusammenzogen, wenn er sich über ein Stechen im Kopf beklagte und gleichzeitig die Chicha verfluchte.

»Er hat bloß einen *Chaki*«, lachten die Monteure.

Ich hatte auch einen Kater, aber mein Chaki kam nicht von der Chicha, sondern wegen der Sonne. Mein Gesicht glühte, und ich hatte Kopfschmerzen, aber ich beklagte mich nicht darüber, da es mir im Moment nicht besonders angebracht erschien.

Am späten Vormittag kamen wir in ein anderes Dorf, wo ebenfalls eine Solaranlage installiert werden mußte. Aber dieses Mal verschwanden wir ganz schnell, nachdem die Arbeit beendet war, noch bevor die Chicha und die stämmige Dorfschönheit für den Tanz mit Vater herbeigebracht wurden. Ich nehme an, daß dies die Leute aus dem Dorf nicht besonders lustig fanden, da sie sich gerne gastfreundlich und dankbar zeigten, auch wenn es einem selbst nicht besonders gefiel. Nur die Mechaniker blieben zum Feiern dort. Vater verabschiedete sich von ihnen bei laufendem Motor:

»Wir sehn uns morgen in Caja... Catapa...«

»Cajuatapata.«

»Genau.«

Eliana schaute auf die Uhr.

»Super. Die Zeit reicht, um nach Choquehuanca zum Schlafen zu kommen.«

»Choquehuanca?« fragte Vater erstaunt. »Was haben wir denn dort verloren? Die nächste Anlage wird in Caja... Capua... aufgebaut.«

»Das ist egal«, unterbrach ihn Eliana. »Es ist nur ein kleiner Umweg. Wir können dort die Nacht verbringen. Ich habe eine kleine Überraschung für euch vorbereitet.«

Elianas »kleiner Umweg« bedeutete vier Stunden. Und ihre Überraschung war Don Melchor. Don Melchor war ein alter Mann, der sich ganz gemächlich bewegte und alles ganz genau beobachtete, als könne er in die Dinge hineinsehen. Und

laut Eliana konnte er tatsächlich in alles hinein-
schauen, denn er war ein *Yatiri*, d.h. halb Priester,
halb Medizinmann. Er konnte Krankheiten heilen,
das Schicksal der Menschen vorhersehen, sich
Informationen aus der Natur holen, die die anderen
nicht wahrnehmen konnten. Und er konnte mit
dem Jenseits kommunizieren.

Der Medizinmann lud uns in sein Haus ein, und
wir setzten uns an einen Tisch. Draußen ging langsam die Sonne unter, aber drinnen war es schon
ganz dunkel. Schließlich stellte uns Don Melchor
eine recht kuriose Öllampe auf den Tisch: es war
eine alte Sprühdose für Ungeziefervernichtungs-
mittel. Vaters Solarenergie war eindeutig noch nicht
bis hierher vorgedrungen.

»Don Melchor und ich sind alte Freunde«, sagte
Eliana. »Wenn er nach La Paz kommt, besucht er
mich immer und verkauft mir medizinische Salben.«

»Moment mal, Eliana«, flüsterte Vater und nutz-
te die Gunst des Moments, daß Don Melchor auf-
gestanden war, um den Herd anzuzünden. »Wie
kann eine gestandene Ärztin an Zaubermittelchen,
Amulette und Gebetssprüche glauben?«

Aber außer, daß er Dinge sah, die andere nicht
sahen, konnte dieser Mann wohl auch hören, was er
nicht hören sollte, denn er war es, der Vater leise
aber bestimmt antwortete:

»Jede Krankheit braucht ihr Mittel zur Behand-
lung, Ingenieur. Es gibt Krankheiten, die nur Ärzte

heilen können. Andere sollten die Yatiris heilen. Und dann gibt es welche, die niemand heilen kann. Bevor ich einen Kranken behandle, frage ich die Cocablätter, ob ich ihn heilen soll...« und er schaute Vater an, als führe er etwas im Schilde. »Und da Sie nicht wirklich krank sind, erlauben Sie mir, daß ich Ihnen, ohne die Cocablätter zu befragen, eine Medizin anbiete«. Er streckte Vater eine dampfende Tasse hin, die sehr stark nach Gott-weiß-was roch.

»Trinken Sie das gegen Ihren Chaki.«

»Was für ein Chaki?« raunzte Vater halb beleidigt, halb überrascht.

Don Melchor antwortete nicht. Vater hob die Augenbrauen und schaute fragend Eliana an, als wolle er sagen: »Soll ich das trinken? Sag du es mir, du bist die Ärztin.« Eliana antwortete ihm, indem sie ihren Zeigefinger an seinen Mund führte: »Hier hinein!«

Ich weiß nicht, ob es die Wirkung jenes Getränkes war, aber ab diesem Zeitpunkt öffneten sich Vaters Augen immer mehr, und am Ende dieser abendlichen Runde waren sie so groß wie italienische Spaghettiteller. Mir erging es im Verlauf des Abends ähnlich, auch ohne das Gebräu zu mir genommen zu haben.

Am Anfang lud uns Don Melchor zu Folgendem ein: *Acullicar*, Cocablätter zu kauen. Das waren grüne, eher kleine Blätter, die recht normal aussahen. Man mußte sie auf eine Seite des Mundes legen und sie langsam mit der Zunge wie einen Teig kneten, um den Saft herauszubekommen. Ganz langsam, ohne Eile. Wir drei sahen bestimmt ganz schön bescheuert aus, wie wir da um den Tisch saßen, als hätten wir eine dicke Backe. Doch niemand lachte, ja, es wurde noch nicht einmal leise gesprochen.

Es war alles ganz feierlich, so als befänden wir uns in einer Heiligen Messe. Aber wir fühlten uns wohl. Wir hatten gar kein Bedürfnis zu sprechen.

Später erfuhr ich, daß die bolivianischen Indios seit Jahrhunderten Coca kauen. Offensichtlich raubt einem das Kauen von Coca Müdigkeit und Hunger. Ich finde das gar keine blöde Erfindung, bevor man den ganzen Tag müde und hungrig herumhängt. Die Indios benutzen Coca auch schon seit Ewigkeiten für ihre religiösen Zeremonien, sie trinken es als Tee, sie legen sich ein Cocablatt auf die Stirn, wenn sie Kopfschmerzen haben, ja, sie machen sich sogar Zahnpasta daraus. Also ehrlich, diese Indios und ihr Coca sind wie die Solarenergie für Vater: man kann es für alles gebrauchen, wenn es einem nur gelegen kommt.

Wir waren also alle dabei, in Ruhe Cocablätter zu kauen, als Eliana plötzlich die Stille unterbrach und sagte:

»Don Melchor, möchten Sie meinem Freund, dem Ingenieur, aus den Cocablättern lesen?«

»Nein...« fing Vater an, Einspruch einzulegen. »Ich glaube ni...«

Dann hielt er inne. Ich könnte schwören, er wollte sagen: »Ich glaube nicht an solches Zeug«, aber er hatte es sich wohl anders überlegt. Vielleicht weil er anfing, Don Melchor zu respektieren, und ihn nicht beleidigen wollte, aber vielleicht auch, weil er jetzt bereit war, ein bißchen an solches Zeug zu glauben.

Don Melchor erhob sich, und sein Schatten tänzelte über die Wand. Er kam mit einem Aguayo zurück und legte ihn auf den Tisch. Er wählte ein paar Cocablätter aus, wiegte sie einen Moment lang in seinen Händen, bevor er sie wie in einem kurzen Regenschauer auf das Tuch fallen ließ. Er schien sehr konzentriert zu sein. Die eine Hälfte seines Gesichtes leuchtete vor Schweiß im Schein der Schädlingsbekämpfungs-Sprühdose, während die andere Hälfte völlig im Dunkeln lag. Es war unheimlich, fast bekam ich ein wenig Angst. Ab und zu nahm er einen Schluck aus einer Schnapsflasche, spülte den Mund damit aus und sprühte den Schnaps wie eine Fontäne über das Tuch. Dann verzog er die Nase, grunzte und quälte Worte aus sich heraus, als würden sie ihm Schmerzen bereiten.

»Mmm... Zwei Frauen...«

Eliana und ich schauten uns gegenseitig an und senkten sofort die Augen, so wie die Nachbarinnen im Aufzug, wenn sie versuchten, sich auszuspionieren. Es verging ein ganze Weile, bis Don Melchor weiterbrabbelte.

140

»Neid. Nehmen Sie sich davor in acht... Irgendjemand will Ihnen Böses.«

Er setzte sein Murmeln fort und sprühte von neuem Alkohol über die Blätter.

»Eine Reise... Eine lange Reise... Vielleicht ohne Rückkehr.«

Plötzlich schien er ein paar Blätter zu sehen, die ihm überhaupt nicht gefielen. Er spuckte eine Alkoholfontäne nach der anderen direkt über ihnen aus, so, als wolle er sie verdrängen. Dann kniff er seine Brauen so sehr zusammen, daß seine Augen fast nicht mehr zu sehen waren.

»Da ist etwas, was ich nicht recht sehen kann, und deshalb ziehe ich es vor, nicht darüber zu sprechen. Ein andermal... Ich zeige Ihnen jetzt, wo Sie schlafen können.«

Als ich mich erhob, merkte ich, daß mir von der Anspannung alle Glieder wehtaten. Und die Stunden waren wie im Flug vergangen, während wir Don Melchor zuhörten.

Bevor ich einschlief, mußte ich an seine Weissagungen denken. Und plötzlich mußte ich innerlich lachen. Das, was der Yatiri nicht so deutlich in den Cocablättern sehen konnte, waren bestimmt die Dinge mit Großbuchstaben, die Vater so interessierten!

Ich wette, die Blätter sagten: ALTERNATIVE ENERGIEN, FRIEDENSBEWEGUNG, ÖKOLOGIE, INDIA-

NERFRAGE... Und dies muß einem Campesino des Altiplano ehrlich gesagt echt Spanisch vorkommen, auch wenn er der beste Hellseher sein mag.

22

Ich träumte davon, daß man mir mit Steck-
nadeln in das Hirn stechen würde, und als
ich aufwachte, bekam ich dieses Gefühl immer
noch nicht los. Ich ließ die Augen noch geschlossen
und hörte, wie Vater und Eliana flüsternd und
kichernd die Sachen für die Weiterfahrt richteten.
Und dieses Gekichere erhöhte die Frequenz der Sti-
che in meinem Kopf.

»Maria«, flüstere mir Vater zu. »Maria, wir müssen jetzt los.«

Ich öffnete die Augen, und ich fühlte sofort, wie
sich die Nadeln noch ein bißchen tiefer in mein
Hirn bohrten. Ich richtete mich in meinem Schlafsack auf, und das ganze Zimmer begann sich zu drehen. Erschrocken legte ich mich sofort wieder
zurück.

»Was ist mit dir, Maria?«

»Keine Ahnung... Ich habe Kopfschmerzen...
Und mir ist ein wenig schwindelig...«

Eliana kam und tastete meine Stirn.

»Sie hat etwas Fieber... Ich denke, die Sonne war gestern zu viel für sie. Am besten würde sie hier bleiben und sich ausruhen.«

Vater und Eliana gingen ein paar Schritte zur Seite und wandten sich von mir ab. Ich konnte Brocken ihres Gesprächs hören:

»Aber wir müssen nach Caja... Caja..., verdammt noch mal, wie auch immer. Es ist unser letzter Tag...« hörte ich Vater sehr aufgeregt.

»Kein Problem, ich bleibe bei dem Kind...« Das Kind, das war ich also für Eliana. Ich haßte dieses Wort, und meine Kopfschmerzen wurden noch stärker.

»Wird wohl das beste sein...« Es folgte eine kurze Pause. »Hör mal, und wie komme ich alleine in dieses verdammte Dorf? Der Umweg, den wir gestern bis hierher gemacht haben, hatte es ganz schön in sich!«

»Jemand aus dem Dorf soll dich begleiten... Ja, am besten Don Melchor...«

Das KIND unterbrach das Gespräch:

»Mir geht's gar nicht so schlecht. Ich kann alleine hierbleiben«, sagte ich fest entschlossen mit einer Mischung aus Beleidigtsein und Heldenmut. Mir war es lieber, daß die einen Tag alleine ihr Gekichere zusammen ausleben konnten, als daß Eliana bei mir Mutter spielte.

144

Schließlich brachen sie nach langem Hin und Her von Vater eine halbe Stunde später auf.

»Werd wieder gesund, Marucha. Wir sind so gegen vier wieder zurück«, flüsterte mir Vater ins Ohr.

Dann hörte ich das Brummen eines Motors und das Krähen eines Hahns. Ich schlief wieder ein.

Ich erwachte mit Schüttelfrost und einem Stechen im ganzen Körper. Mein Kopf dröhnte wie unter einem Bohrhammer. Hier und da zogen sich ohne mein Einwirken all meine Muskeln zusammen. Eine rauhe Hand faßte an meine Stirn, und der Kontakt alleine tat mir schon weh.

»Du bist krank, Palomitay«, sagte Don Melchor und blickte mich mit seinen kleinen wachen Augen an.

Ich fühlte mich echt schlecht. Ich hatte Angst und kam mir richtig verlassen vor, wie an jenem Tag vor Ewigkeiten, als Vater vergaß, mich im Kindergarten abzuholen, und ich dachte, daß er mich nie mehr abholen würde.

»Hab keine Bange. Melchor wird dich heilen. Blase hier drei Mal rein.«

Ich gehorchte automatisch. Ich setzte mich ein wenig auf und blies drei Mal leicht auf ein lächerliches Tuch, das Don Melchor in der Hand hielt. Das Zimmer drehte sich wie wild um meinen Kopf.

»Schauen wir mal, was die Cocablätter zu deiner Krankheit sagen«, murmelte Don Melchor vor sich hin.

Während sich der Yatiri daran machte, die Cocablätter zu befragen, drückte ich meine Augen zusammen und versuchte in Gedanken, Vater zu rufen, so fest, daß es mir unmöglich erschien, daß er mich nicht hörte.

»Die Mutter Erde hat dich fest im Griff, meine Kleine, und will dich nicht loslassen«, sagte nach einer Weile Don Melchor. »Die Mutter Erde ist böse auf dich und hält deinen Geist gefangen, sicherlich schon seitdem du hierher gekommen bist. Man muß sie besänftigen, damit sie ihn dir zurückgibt.«

Die Mutter Erde! Was für ein Käse! Ich brauchte einen gescheiten Arzt, einen mit weißem Kittel, der mir irgendein Antibiotikum, das einen sehr langen Namen hatte und auf –ine endete, verschrieb. Aber ich war zu schwach, um mich zu widersetzen.

Alles, was jetzt geschah, ist in meiner Erinnerung in starken Nebel gehüllt. Das kleine Zimmer füllte sich mit komischen Gerüchen: Tabak, Kräuter... Ich erinnere mich, daß ich halb aufgerichtet in eine Decke gehüllt da saß und den Rauch, der einem mit Wasser und Kräutern gefüllten Topf entstieg, einatmete. Dann legte ich mich hin, und während Don Melchor mich mit einer fettigen Salbe einrieb, umkreisten uns ein paar alte Frauen unter permanentem Murmeln und kauten dabei Cocablätter, tranken Schnaps und rauchten Zigaretten. Wenn ich versuchte, mich aufzurichten, begann sich das Zimmer sofort wie wild um meinen Kopf zu drehen.

Und Vater machte keine Anstalten aufzutauchen, obwohl ich ihn vehement im Geiste rief. Ich war stinksauer auf ihn, wie dumm von mir. Schließlich verlor ich gänzlich die Hoffung, daß er jemals noch kommen würde. Ich war alleine. Verlassen auf feindlichem Gebiet. Ohne Tijeras. Ohne Arzt. Ohne Hilfe aus meiner Welt. Darüber hinaus hielt mich Mutter Erde fest im Griff, so sagte doch Don Melchor. Aber ich sollte ihn nicht zu ernst nehmen. Nur des Fiebers wegen kam mir so ein Blödsinn in den Sinn. Warum sollte mich die Mutter Erde festhalten? Was hatte ich der Pachamama schon getan? Ich bin vielleicht blöd! Jetzt redete ich schon von der Erde, als sei sie leibhaftig, genauso wie die Indios. Mir kamen sogar Ereignisse in den Sinn, mit denen ich sie vielleicht hätte beleidigen können: die Pachamama war die Mutter Erde, die Mutter der Bolivianer. Sie war Bolivien. Und ich hatte sie gehaßt, ich war ihr mit großer Geringschätzung gegenübergetreten. Ich kam mir besser vor als ihre Schützlinge. Ich machte mich über die Cholas lustig. Ich lachte über Don Melchor, wenn er aus den Cocablättern las. Ich verschloß die Augen vor den Dingen, die mir nicht gefielen, und verstaute sie in meiner »Rumpelkammer«.

147

Ich bat die Mutter Erde um Entschuldigung. Ich hatte große Angst. Ich erklärte ihr, daß ich sie jetzt doch achten würde. Konnte sie sich nicht mehr daran erinnern, daß ich ihr an Allerheiligen Schnaps zu trinken gegeben hatte? Ich war jetzt mit Casilda befreundet, ich konnte auch schon *Sajita de Pollo* kochen, ich hatte Cocablätter gekaut, der Klang der Quenas gefiel mir von Tag zu Tag besser, und dieser Himmel über dem Altiplano... Kurz und gut, ich war fest entschlossen, ihr in Zukunft den gebührenden Respekt zu zollen, und wenn sie mich jetzt loslassen würde... Ja, wenn sie mich jetzt loslassen würde, könnte ich sie noch mehr würdigen. Ich würde jetzt nicht mehr über die Dinge lachen, die ich nicht verstand. Ich würde jetzt nicht mehr wegschauen, wenn mir etwas unangenehm vorkam. Ich würde die Erde immer achten... Es kam ein Pakt zwischen uns zustande. Und ich war gewillt, ihn zu erfüllen. Wehe mir, wenn ich es nicht tun sollte! Großväterchen Illimani war mein Zeuge.

Der Gedanke an die Umrisse des Illimani beruhigte mich. Schließlich fühlte ich mich immer müder, und mit der Müdigkeit wich meine Angst. Ich hatte den Eindruck, daß all das, was hier passierte, nicht wirklich mir passierte. Ja, mir kam sogar der Gedanke: »Vielleicht stirbst du ja.« Aber das machte mir nicht viel aus, so, als wäre ich nicht ich, beziehungsweise Sterben eigentlich gar nicht so schlimm, nach alldem.

Als ich die Augen wieder öffnete, fühlte ich mich schon fast gesund. Sofort mußte ich an die Pachamama denken. Es hatte den Anschein, daß sie ihren Part des Abkommens eingehalten hatte. Es schien kein Licht mehr durch das winzige Fenster. Ich machte mir Sorgen: Vater! Vier Uhr nachmittags mußte längst vorbei sein, und Vater war noch nicht zurück. Es war ihm doch wohl nichts passiert? Und wenn er einen Unfall gehabt hatte? Die Worte Don Melchors vom Vorabend begannen wie wild durch meinen Kopf zu schießen: »Eine lange Reise, vielleicht ohne Rückkehr... vielleicht ohne Rückkehr... vielleicht ohne Rückkehr...«.

Ich hatte schreckliche Angst. Sie durchschoß meinen ganzen Körper und blieb mir wie ein Kloß im Hals stecken. Die Mutter Erde hatte mich losgelassen, hatte sich aber dafür meinen Vater geschnappt, und das nur, um mich zu bestrafen. Warum nur Vater? Womit konnte er denn die Pachamama erzürnen? Er mit seiner Ökologie, seinen Sonnenkollektoren, seiner bunten Weste, seinem Kampf für Indianerinteressen... Diese Pachamama war alles andere als gerecht.

»Ich denke, daß dich die Mutter Erde losgelassen hat, Palomitay.« Die rauhe Hand von Don Melchor strich mir von neuem über die Stirn.

»Wo ist mein Vater? Ist er noch nicht zurückgekommen?« schluchzte ich, während ich mich im Schlafsack aufrichtete.

»Er wird schon kommen, er wird schon kommen...« besänftigte mich Don Melchor. »Du mußt jetzt ausruhen und dich um nichts sorgen. Wenn du dich weiterhin so aufregst, kann die Krankheit dich sofort wieder einholen. Hier, trink das.«

Ich bekam das was-weiß-ich-wie-vielste Gebräu an diesem Tag zu trinken, und ich nahm es ohne Widerspruch zu mir. Ich hatte schrecklichen Durst. Ich weiß nicht, was da drin war, aber plötzlich wurde mein Kopf ganz schwer, und ich schlief wieder ein.

Die Pachamama hielt mich an einem Bein fest. Ich bat Vater um Hilfe: »Vater! Vater! Hilf mir. Die Mutter Erde hält mich fest und läßt mich nicht mehr los.«

Aber Vater saß im Auto, flirtete mit Eliana und hörte mich nicht. Noch schlimmer: er startete den Motor und fuhr auf dem Altiplano davon, ohne sich an mich zu erinnern. Genau in diesem Moment ließ mich die Pachamama lachend los. Ich rannte hinter dem Wagen her, aber ich konnte ihn nicht erreichen.

»Vater! Laß mich nicht allein! Die anderen Kinder sind schon gegangen...!«

Plötzlich war ich nicht mehr auf dem Altiplano, sondern in dem Kindergarten in Madrid, den ich als kleines Kind besuchte, und wollte von dort raus, um Vater zu suchen, weil ich wußte, daß Vater einen Unfall haben würde und nur ich ihn retten konnte.

Aber die Erzieherinnen wollten mich nicht gehen lassen. Stattdessen sollte ich mit diesen doofen Nüssen »Die drei Schweinchen sind schon im Bett«, ein Kinderlied, das ich eigentlich immer gemocht hatte, singen.

Plötzlich hörte ich eine Wagentür zuschlagen. Ich öffnete meine Augen in der Dunkelheit. Eine weitere Wagentür fiel ins Schloß. Ich hielt den Atem an. Eins, zwei, drei, vier, fünf, sechs... Die Zimmertür ging auf.

»Vater!« schrie ich.

Ich drückte mich an seinen Körper, so wie die Hauptdarstellerin einer Fernsehserie. Ja, ich weinte sogar ein bißchen.

»Aber Marucha, jetzt ist doch alles wieder gut!«

Ich war nicht mehr krank: ich saß aufrecht, und das Zimmer drehte sich nicht mehr. Tijeras sah mich im Schein einer Kerze mit halb zärtlichem, halb schelmischem Blick an. Jetzt war alles wieder in Ordnung, und alles, was mir vor ein paar Stunden noch wie eine Tragödie vorgekommen war, war jetzt fast schon wieder lächerlich: mein Abkommen mit der Pachamama, der Unfall von Vater und daß ich ihn mit Telepathie rufen wollte... Ich versuchte, mir die Augen trockenzureiben, denn Tijeras gegenüber finde ich Tränen immer überflüssig.

Vater erzählte mir aufgeregt, was er alles an diesem Tag erlebt hatte. Daß sie zwei Mal das Rad wechseln mußten, das zweite Mal natürlich ohne

151

intaktes Reserverad. Wie sie versuchten, bis nach Cajuatapata zu Fuß zu gelangen, sich dann aber auf halbem Wege doch noch verliefen. Wie sehr er schwitzte. Wie die Monteure sie doch noch vor der Dämmerung fanden. Wie sehr er vor Kälte schlotterte. Wie unangenehm es war, den Staub einzuatmen. Daß er niemals mehr über den Altiplano reisen würde, ohne vier Reserveräder, eine Alpacadekke und einen batteriebetriebenen Ventilator im Gepäck zu haben.

»Und du, Maria. Erzähl mir, wie es dir ergangen ist.«

»Mir? Na ja..., so lala.«

23

Ich weiß nicht, ob mich die Mutter Erde in ihren Bann gezogen hatte, so wie mir Don Melchor versicherte, oder ob ich nur einen stinknormalen Sonnenstich hatte, wie Eliana meinte. Zumindest ging es mir, kurz nachdem wir nach La Paz zurückgekehrt waren, wieder blendend. Nach fünf Tagen auf dem Altiplano war es für mich unglaublich, mich wieder duschen zu können, in einem richtigen Bett zu schlafen, etwas anderes als Erdäpfel zu essen zu bekommen und einfach den Lichtschalter umzulegen, damit das Licht anging. Ich versprach, all dies nicht mehr als selbstverständlich zu nehmen. Einen Wasserhahn aufdrehen, das Licht einschalten, mich ins warme Bett kuscheln, einen Apfel essen... Das waren ab jetzt kleine Wunder für mich, von denen ich nicht wußte, wem auch immer ich dafür danken sollte: dem Lieben Gott; der Pachamama; dem Schicksal? Natürlich war bald wieder alles so wie früher, und ihr hättet mich hören sollen, wenn ich wie eine Wilde schimpfte, nur weil das warme Wasser mal wieder nicht funktionierte.

Ich zog es vor, nicht all zu sehr an mein Abkommen mit der Pachamama zu denken. Manchmal kam ich mir sogar recht lächerlich vor, überhaupt an so etwas gedacht zu haben. Und manchmal schämte ich mich, weil der Gedanke an den Pakt vielleicht doch nicht so absurd war und ich von meiner Seite aus nichts für die Einhaltung desselben tat. Natürlich war mir auch nicht so richtig klar, was ich dazu tun sollte. Ich wollte Casilda oft von diesem Abkommen erzählen. Wahrscheinlich hätte sie es ganz normal gefunden. Aber als ich endlich dazu bereit war, kam etwas Neues dazwischen: das Schuljahr im angloamerikanischen Gymnasium begann.

Jeden Morgen war der Schulbesuch wie eine Reise in ein anderes Land. Am meisten ähnelte dieses Land den USA, zumindest wenn es richtig ist, was man in den Filmen so sieht. Dort gab es fast niemanden mit dunkler Haut, alle redeten englisch, und alle hatten einen dieser Metallschränke, die *Lockers* genannt werden, wie man sie immer auf den Schulgängen in amerikanischen Filmen sieht. Ich wollte schon immer so einen haben.

Es gab Hamburger und Donuts in der Cafeteria, man lehrte uns die Geschichte der USA, und wir grüßten uns mit »Hi«.

Bei Schulende warteten sogar Autos mit Chauffeur auf einige der Mitschüler, und ich merkte erst wieder, daß wir in Bolivien waren, wenn ich an der Ecke die Chola Pancha hinter ihrem Stand sah, der

vor Süßigkeiten zu 50 Cent das halbe Dutzend über-
quoll.

Da war ich vielleicht richtig aufgehoben! Sie
amüsierten sich über meinen spanischen Akzent
und mein hinterwäldlerisches Englisch. Alle wollten
mit der Spanierin, mit der Neuen sprechen. Am
Wochenende war ich bei den Mädels zu Hause eingeladen, natürlich in einem Vorort und mit großem
Garten. Wir gingen Pizza essen, Coca-Cola trinken
und mit Jungs herumblödeln. Wir sangen englisch-
sprachige Lieder. Und so wie es oft passiert (zumindest mir ergeht es so), was dir anfänglich schrecklich
vorkommt, gefällt dir am Ende doch. Ich war ständig beschäftigt und hatte für nichts anderes mehr
Zeit.

Casilda sah ich immer nur kurz, wenn ich aus
der Schule zurückkam und sie noch nicht gegangen
war. Das Ritual, zu ihr zum Ratschen in die Küche
zu gehen, geriet in Vergessenheit. Während ein
paar Tagen sah ich einen Berg Kartoffeln auf dem
Küchentisch liegen, aber ich zog es vor, dies für rei-
nen Zufall zu halten. Ich konnte mir gerade noch
eine Stunde wöchentlich abzwacken, um mit unserem Leseunterricht weiterzumachen. Und es
schien, daß sie auch nicht mehr so viel Interesse
daran hatte, etwas zu lernen. Sie war unkonzen-
triert, stotterte, wurde sofort rot, so wie die Casilda,
die ich am Anfang kennen gelernt hatte. Offensichtlich wurde unsere Beziehung durch unseren

geringen Kontakt in seinen Ursprungszustand zurückversetzt. Und ich hatte jetzt nicht mehr die Geduld, den ganzen Weg nochmal zu gehen. Ich wurde sauer, wenn ich merkte, daß Casilda das, was sie gerade gelernt hatte, schon wieder vergessen hatte, oder wenn sie behauptete, etwas verstanden zu haben, obwohl dem nicht so war. Ich brach die Unterrichtsstunde ab, denn ich hatte ja keine Zeit zu verlieren. Ich mußte noch die Hausaufgaben machen, eine Kassette aufnehmen, die man mir ausgeliehen hatte, oder Bea schreiben, daß der Du-weißt-schon-wer ein Hansel im Vergleich zu dem Typen war, den ich kürzlich hier kennen gelernt hatte.

24

Casilda war schon ein paar Tage nicht zur Arbeit gekommen, bis wir anfingen, uns Sorgen zu machen. Da sie kein Telefon hatte und wir sie deshalb nicht anrufen konnten, beließen wir es für den Rest der Woche. Die Badewanne bekam wieder ihren gelben Rand, wir kauften wieder Konserven ein, aßen wieder Eier »a la boliviana«, und ich kam in den Genuß, die zweite Tortilla meines Lebens zu machen.

»Wir könnten zu dem Haus von Casilda gehen und nachfragen, was los ist«, schlug Vater am Samstagmorgen vor. »Glaubst du, du findest hin?«

Mein Gott!

»Oh, Scissors...!« Seit ich mit der angloamerikanischen Schule begonnen hatte, fand ich es echt schick, Tijeras auf Englisch zu rufen. »Ich habe mit Carla ausgemacht, Racket Ball spielen zu gehen...«.

Vater schaute mich wortlos mit einem Blick an, als würde eine haarige Raupe seinen Arm hoch kriechen.

Dieser Blick von Vater hatte noch nie seine Wirkung verfehlt. Ein paar Stunden später stiegen wir genau an der Esplanade aus dem Truffi aus, an der ich auch mit Casilda ein paar Monate zuvor ausgestiegen war, zumindest sah sie so ähnlich aus. Die Jungs spielten immer noch mit dem aus Lumpen zusammengebundenen Ball Fußball, und die ausgehungerten Köter kläfften in den Innenhöfen.

Es war nicht einfach, das Haus von Casilda wiederzufinden. Aber zum Glück erkannte ich Winston, denn er war der einzige schielende Hund im ganzen Viertel.

Casilda war gerade im Hof und wusch Wäsche in einem Trog. Als sie uns sah, erstarrte sie mit einem halb ausgewrungenen Hemd in der Hand.

»Hallo, Casilda«, sagte Vater. »Was war mit dir die letzten Tage los? Warst du krank?«

Casilda schüttelte den Kopf.

»Hattest du Probleme hier zu Hause?«

Casilda verneinte abermals mit einem Kopfschütteln.

»Also, willst du nicht mehr zu uns kommen?«

Casilda schüttelte wieder den Kopf und verzog dabei ihr Gesicht, so, als wollte sie anfangen zu weinen. Niemals zuvor hatte ich sie so oft hintereinander »Nein« sagen hören.

»Casilda«, ich ging näher zu ihr. »Was ist denn los?«

158

Casilda starrte erst Vater, dann den Boden wortlos an.

»Willst du lieber mit mir alleine darüber reden?«

Casilda sagte so etwas Ähnliches wie ein »Ja« und Vater begab sich an das andere Ende des Hofes, um auszuprobieren, ob schielende Hunde auch in der Lage sind, Stöcke zurückzubringen, die man für sie wirft.

Zum Glück hatte ich in diesem Moment keine Kartoffeln zur Hand. Eigentlich weiß ich auch nicht warum, oder vielleicht doch. Ich schämte mich vor Casilda. Es fiel mir wieder schwer, mit ihr zu reden. Es verging eine ganze Weile, bis Casilda plötzlich mit der Sprache herauskam:

»Ich erwarte Familie.«

»Familie? Kommt deine Mutter zu Besuch?«

Casilda schüttelte den Kopf.

»Handelt es sich um deine Familie aus dem Jenseits? Gibt es wieder ein Fest für die Verstorbenen?«

Casilda verneinte abermals und stampfte kurz und heftig mit dem Fuß auf den Boden voller Ungeduld über meine Begriffsstutzigkeit.

»Na, eine Wawa eben.«

»Winston, du blöder Hund«, hörte man meinen Vater am anderen Ende des Hofes rufen. »Das ist doch nicht der Stock, den ich dir hingeworfen habe.«

Es war ein so strahlend heller Tag, daß es fast wehtat, zum Himmel hoch zu schauen.

Auf der Wäscheleine tanzten eine rosafarbene Pollera und ein Babyhemdchen im Wind.

Ich kann mich noch ganz genau an all diese Dinge erinnern. Wie immer, wenn ich etwas Unangenehmes erfuhr, begann ich mich auf alles Mögliche zu konzentrieren, nur um von dem eigentlichen Problem abzulenken. Aber das Wort stand im Raum: Wawa, ein Baby eben.

Das konnte nicht wahr sein. Casilda, die kaum älter war als ich, wurde Mutter. Ich dagegen hatte noch bis vor kurzem geglaubt, daß der Klapperstorch die Kinder bringt. Casilda sollte Mutter werden, und ich hatte bisher gerade mal Junjo einen kurzen Kuß auf einer Fete gegeben, und das auch nur, damit niemand behaupten konnte, ich hätte so etwas noch nie gemacht.

Unmöglich. Natürlich war das möglich. Und im nächsten Moment kam ich mir ganz schön bescheuert vor, daß ich nicht schon vorher gesehen hatte, was eigentlich ganz offensichtlich war. Der runde Bauch von Casilda, auch wenn er sich unter den Polleras und Schürzen versteckte. Ihre noch größere Schüchternheit, ihre Zerstreutheit und der sorgenvolle Gesichtsausdruck in den letzten Wochen.

»Warum hast du uns denn nichts davon erzählt?« sagte ich schließlich. »Vater hätte dir bestimmt geholfen.«

160

Und da kamen mir die vielen Kartoffeln, die jeden Tag auf dem Küchentisch gelegen hatten, wieder in den Sinn, denen ich weiter keine Aufmerksamkeit geschenkt hatte, und ich wurde ganz rot im Gesicht.

»Ich dachte, daß euch das nicht besonders angenehm sein würde«, sagte Casilda. »Wenn so etwas passiert, gefällt das den Señores nie, und sie werfen schließlich immer die Hausangestellte raus. Ich zog es vor, von alleine zu gehen.«

»Aber,... aber du hast mir ja noch nicht einmal erzählt, daß du einen Freund hast, oder wir ihr hier sagt, eine Liebschaft.«

»Ich habe keine Liebschaft«, Casilda wrang voller Wut eine Hose aus. »Ich dachte, ich hätte eine, aber er war nur einen Monat hier, und danach hat niemand mehr was von ihm gehört.«

»Deine Tante ist bestimmt ganz schön sauer...«

»Na ja, also am Anfang war sie sehr wütend und hat mir eine runtergehauen, und mein ältester Cousin auch. Aber jetzt haben sie sich daran gewöhnt. Und ich bin auch von Tag zu Tag zufriedener. Und außerdem, eine schwangere Frau sollte sich nicht ärgern oder Sorgen machen, denn das kann nicht gut sein für das Baby.«

Und ihrem eigenen Rat folgend lächelte Casilda: »Ich freue mich schon riesig auf die kleine Wawa. Ich werde mir eine andere Arbeit suchen, und vielleicht kann ja meine jüngste Cousine auf das Baby aufpassen, solange ich bei der Arbeit bin. Und wenn nicht, dann werde ich auch irgendwie zurecht kommen. Eine Mutter findet immer einen Weg, damit es weitergeht. Vielleicht fange ich an, *Chompas* aus Wolle für die Touristen zu stricken. Ich habe eine Freundin, die das macht und dabei ganz schön Geld verdient. Man wird sehen!«

Jetzt, da Casilda wieder guten Mutes schien, fing ich an, traurig und geistesabwesend in die Ferne zu starren. Und da wurde mir plötzlich klar, daß Casilda jetzt eine Frau war, die wußte, was sie will. Ich dagegen war weiterhin ein Mädchen mit Flausen im Kopf. Vielleicht ist es ja gerade das, was Erwachsensein ausmacht: sich den Dingen stellen, wenn sie passieren, und lernen, damit zu leben, ohne daß dir jemand dabei hilft oder dir sogar noch die Entscheidung abnimmt. Und man konnte trotzdem ein »gestandenes Weibsbild« sein, obwohl man nicht flüssig lesen konnte oder wußte, wie all die Ozeane hießen, und weiterhin daran glaubte, daß ein Erdapfel in der Tasche gegen Kopfschmerzen hilft.

25

Ich bin noch mehrmals hochgefahren, um Casilda zu besuchen, die von Mal zu Mal dicker wurde, aber es war nicht mehr dasselbe wie bei uns zu Hause. Dort gab es keine Erdäpfel, dafür aber dieses häßliche und dunkle Zimmer, in dem ihre Cousins tollten, ihr Onkel herumschimpfte und ihr Großvater sein Nickerchen hielt. Über Casildas Schlafstätte hing die Postkarte mit dem Alpenmotiv, die mir Bea geschickt hatte. Wir sprachen fast gar nichts miteinander. Ich brachte ihr ein wenig Schokolade und ein bißchen Geld mit, welches mir Vater für sie gab. Und es war mir immer schrecklich peinlich, da ich das Gefühl nicht loswerden konnte, mit diesen Geschenken das zurückkaufen zu wollen, was einmal unsere Beziehung ausgemacht hatte und was durch mein Verschulden verloren gegangen war. Und ich fühlte mich wie eine von den Damen aus der Oberschicht, die als Wohltäterin gegenüber irgendeinem armen Mädchen aus der Unterschicht auftritt.

Jedes Mal kam ich schlecht gelaunt und unzufrieden nach Hause zurück. Um mich zu beruhigen, begann ich, den gelben Rand in der Badewanne wegzuschrubben, kochte und ja, ich bügelte sogar. Natürlich bekam Vater von all dem nichts mit. Damals fingen die Probleme bei seinem Projekt SOLARENERGIEVERSORGUNG IM ALTIPLANO an. Vater kam immer sehr spät mit Augenringen und zerzauster Krawatte von der Arbeit zurück. Es häuften sich die Telefonate, bei denen Vaters verbale Unflätigkeiten unserer Tante Leonor die Haare zu Berge hätten stehen lassen. Er las auch keine Bücher mehr, in deren Titel Worte wie PROBLEMATIK, UNTERDRÜCKUNG oder WIDERSTAND in Verbindung mit INDIGENEN VÖLKERN vorkamen. Ja, er vergaß sogar, seine bunte Weste anzuziehen. Zum Glück, denn so konnte ihm nicht auffallen, daß ich mit dem Bügeleisen ein Loch in das gute Stück gebrannt hatte.

Und eines Abends, just zur Krippenstunde, kam Tijeras noch fertiger als inzwischen üblich nach Hause, ließ sich auf das Sofa fallen, starrte einen Moment lang auf die Lichter an den Hängen und sagte:

»Maria, was würdest du davon halten, wenn wir wieder nach Spanien zurückkehren?«

Es traf mich wie aus heiterem Himmel. Was bin ich nur naiv! Fast eine Minute lang starrte ich auf ein und dasselbe Licht am Hang, von dem ich, was weiß ich warum, ausging, daß es zu Casildas Haus gehörte, in der Hoffnung, daß sich das Problem in der Zwischenzeit von selbst lösen und sich Vaters

Satz wie ein Gas verflüchtigen würde. Und wie immer half alles nichts, seine Worte standen weiterhin im Raum: Was würdest du davon halten, wenn wir wieder nach Spanien zurückkehren?

Ich wußte genau, daß dies nur eine rhetorische Frage war und wir nach Spanien zurückkehren würden, egal ob ich wollte oder nicht. Denn ich war ja weiterhin nur ein kleines Mädchen, und meine Meinung zählte nicht. Komischerweise dachte ich dieses Mal, daß Vaters Meinung auch unwichtig war. Es war klar, daß er nicht weg wollte: man feuerte ihn. Vielleicht waren dies die Ränkespiele, die Don Melchor ansprach, als er aus den Cocablättern las. Oder vielleicht war es sogar – mein Herz blieb mir bei dem Gedanken fast stehen – wieder die Pachamama, die einzig und allein mich loswerden wollte.

Es war das erste Mal, seit die Schule wieder losgegangen war, daß ich an mein Abkommen mit der Mutter Erde erinnert wurde. Ich hatte ihr versprochen, mich zu ändern, wenn ich auch nicht so richtig wußte wie. Und ich hatte mich geändert, und wie! Jedoch zum Schlechteren. Genau genommen hatte ich Bolivien den Rücken gekehrt und war gewissermaßen zum Leben in die USA übergegangen. Ja, ich hatte sogar Casilda hintergangen. Deshalb wollte die Pachamama nichts mehr mit mir zu tun haben und verwarf mich endgültig.

Während mir dies durch den Kopf ging, beobachtete mich Vater, ohne zu atmen, in Erwartung

meines üblichen Wutanfalles. Und er war mehr als
überrascht, als ich nur sagte:

»Wann geht's los?«

»In zwei Wochen.«

»Na, dann werden wir Casildas Baby nicht mehr
kennenlernen.«

Ich erzählte Vater natürlich nicht, daß es meine
Schuld war, daß wir von hier weg mußten. Er hätte
es eh nicht verstanden. Dafür denkt er viel zu ratio-
nal. Also ehrlich gesagt, mußte ich auch über mich
selbst lachen, als ich die ganze Sache mit dem Pakt
mit der Mutter Erde von Spanien aus betrachtete.
Hier ist alles so anders, einfach nur »normal«...

Hier denkt man nie an die Mutter Erde, ge-
schweige denn, daß sie lebendig sei. Wenn du krank
bist, sind irgendwelche Streptokokken daran schuld
und nicht die Pachamama. Die schneebedeckten
Berge sind zum Ski fahren da und werden nicht als
irgendwelche Großväter angesehen. Kinder sind
Kinder und Erwachsene sind Erwachsene. Und
auch die armen Leute tragen hier Schuhe. Man vergißt dabei gerne, daß es andernorts anders aussieht.
Bis dann Väterchen Illimani kommt, um mir all das
wieder in Erinnerung zu rufen. Seit ich wieder in
Spanien zurück bin, besucht er mich manchmal im
Traum. Er sagt nichts, und er macht nichts (aus
irgendeinem Grund ist er ja auch ein Berg), er ist
einfach nur da. Und dann wache ich schweißgeba-

det auf und habe den ganzen Tag über ein schlechtes Gewissen. Ich glaube fast, daß er von der Pachamama geschickt wird, um mich an meine Schuld zu erinnern. Na ja, ich glaube daran und gleichzeitig auch nicht. Aber es ist letztenendes auch gleichgültig, ob es sich hier um Realität oder Phantasie handelt. Ich weiß nur, ich werde eines Tages zurückkehren, wenn ich auch nicht weiß, wozu. Vielleicht werde ich etwas mit Großbuchstaben machen.

Das Fräulein reiste ab, bevor meine Wawa geboren wurde. Als sie das letzte Mal hochkam, um sich zu verabschieden, weinte ich fürchterlich, weil ich das Fräulein doch schätzte so sehr, aber das ist es ja, was dir mit den Gringos passiert, sie kommen und gehen, wann man es am wenigsten von ihnen erwartet, und deshalb ist es besser, sich nicht zu sehr mit ihnen anzufreunden. Sie weinte auch ein wenig, tat aber so, als ob nichts wäre, denn den Gringas ist es peinlich zu weinen, als wären sie richtige Männer. Wir Mädels von hier weinen und lachen viel schneller, und das hilft immer, und das ist das Gute am Frausein, denn die Männer dürfen nicht weinen. Der Papi von Maria weinte nicht, logisch, aber er war sehr nett zu mir. Und es tat mir echt leid, daß er ging, denn er wäre ein guter Pate für das Kind gewesen, und ich hätte es sogar Tijeras zu seinen Ehren getauft. Aber als ich ihm davon erzählte, lachte er laut, Tijeras sei doch sein Spitzname und nicht sein richtiger Vorname. Ich kam mir richtig doof vor. Das ist genau das Dumme mit diesen Ausländern, sie lassen dich immer dastehen minderwertig, so als wüßten sie alles und du gar nichts, und dann sind sie mit ihren Sachen ganz eigen, und man weiß, voran man ist nie. Deshalb darf man ihnen auch nicht alles erzählen, denn manchmal werden sie dann richtig sauer auf dich, nur weil die Dinge nun mal sind, wie sie sind.

Irgendwo habe ich die Adresse vom Fräulein Maria in Madrid aufgeschrieben, denn ich hatte versprochen, ihr zu schreiben. Aber jetzt mit dem Kind und der Arbeit habe ich zu nichts Zeit. Außerdem habe ich schon wieder fast alle Buchstaben vergessen, und es ist mir peinlich, Fehler zu machen. Sei's drum, vielleicht erinnert sie sich ja schon gar nicht mehr an mich.

Illimani, 6458 m

Kleines Glossar

Achachilas
Geister der Vorfahren, die der Natur innewohnen

Achachi
alter Mann, Greis

Acullicar
[masticar (hojas de coca)]
Cocablätter kauen

Aguayo
sehr strapazierfähiges, gewobenes Tuch

Ajayu
[ánima, espíritu, alma]
Seelen der Toten

Altiplano
Hochebene

Anchanchu
[Dios del mal]
böser Dämon aus der Unterwelt

Bosta de llama
Lama-Mist, wird oft als günstiger Brennstoff genutzt

Camote
Süßkartoffel

Campesino
Bauer, Landbewohner

Chaki
[resaca]
Kater

Charque
in Salz eingelegtes, trockenes Llamafleisch

Chicha
alkoholisches Getränk aus zerkautem Mais

Choclo
[maíz]
Maiskolben

Chola
Mestizin

Chompa
Strickpullover

Chuño
kleine, schwarze Kartoffel

Conquista
Eroberung (auch Entdeckung Amerikas)

Corte Ingles
sehr große, spanische Warenhauskette

Gringo, Gringa
Ausländer(in), Weißer, meist abwertend benutzt

Huphi Hankko
weiße Wolke

Imilla
Kartoffelsorte

Indio, India
Ureinwohner, meist abwertend gemeint (im Gegensatz zu *indigena*, positiv besetzt)

Inti
Sonne, Sonnengott

Ispis
[pececillo]
Elritze

Lockers (engl.)
Schließfächer

Maicillos
bolivian. Gebäck aus Maismehl

Movilidades
Fortbewegungsmittel

Pachakuti
Zeitenwende, Umwälzung aller bestehenden gesellschaftl. Verhältnisse

Pachamama
Mutter Erde

Palomitay
Täubchen (typisch hybride Wortbild. aus Spanisch: *paloma* (Taube) und Aymara: Verkleinerungsform *-ay* am Wortende)

Palta
[aguacate]
Avocado

Papa
[patata]
Kartoffel (Erdapfel)

Pollera
[falda]
Rock

Porompompero
berühmtes span. Lied v. Manolo Escobar

Pureja
mehlige, geschmackvolle Kartoffel

Quena
Flöte mit fünf Löchern

Resiri
Vorbeter, (Gesundbeter)

Rosquetas
boliv. Gebäck

Sajita de pollo
sehr scharfes boliv. Gericht mit Hühnchen

Sábana
Bettlaken

Tantawawas
boliv.. Gebäck, Figuren aus Brot

Tata
Herr, auch »Väterchen«

Tijeras
Schere

Tortilla
span. Ommelett, meist mit Kartoffeln

Trufi
Kleinbus

Tunta
kleine weiße Kartoffel

Wawa
Baby

Yatiri
Heilkundiger und Priester

Yakalla
Dieb

Yuca
stärkehaltige Wurzelknolle, Wolfsmilchgewächs

Zapallo
[calabaza]
Kürbis

Zapato
Schuh

Illimani & Sajama

Der große *Illimani,* hatte einen rebellischen Nachbarn der drohte, ihn in Größe und Macht zu übertrumpfen. Also griff er zur *Tunupa,* einer Sichel und köpfte ihn. Mit einem Fußtritt und dem Ruf »*sarjam*«, verschwinde, beförderte er den Kopf hinaus gen Westen, mitten hinein in die Hochebene des *Altiplano,* wo er heute noch als der Berg *Sajama* liegt. Sein Nachbar steht immer noch neben ihm. Er heißt *Mururata,* der Geköpfte.